CW00823576

Le temps des
chevaliers

Fers de flèches du Moyen Age

Candélabre mural
français du XVIe siècle

Broche flamande en or
du XVe siècle

Pot de
chambre
de la fin du
Moyen Age

Chandelier
dit « à broche
des environs
de 1230

Armure
allemande de 1520,
à décor cannelé

Le temps des
chevaliers

par

Christopher Gravett

Photographies originales de Geoff Dann

Couteau
pour servir
la nourriture
(Allemagne,
XVe siècle)

Casque de parade italien du XVIe siècle

Hallebarde
allemande
de la fin
du XVIe siècle

LES YEUX DE LA DÉCOUVERTE
LES YEUX DE LA DÉCOUVERTE
GALLIMARD JEUNESSE

Éperon à molette en cuivre
doré du XVe siècle

**Chanfrein allemand
du XVe siècle**

Hallebarde
allemande
du début
du XVIe siècle

Collection créée par Pierre Marchand et Peter Kindersley

Comité éditorial
Londres : Louise Barratt, Ann Cannings,
Julia Harris, Kathy Lockley, Helen Parker
et Phil Wikinson
Paris : Christine Baker, Françoise Favez,
Manne Héron et Jacques Marziou

Édition française préparée par
Marc de Haut
Conseiller : Brigitte Coppin, historienne
Maquette de couverture : Antonin Faure
PAO : Olivier Brunot et Bruno Porlier
Correction : Sylvette Tollard,
Eliane Rizo et Lorène Bücher
Suivi éditorial : Eric Pierrat
et Françoise Laurent

ISBN 978-2-07-058875-6

**Plaque du XIVe siècle, provenant
d'une tombe, montrant un chevalier en selle**

Epée
allemande
du XVIe siècle

**Barbute
italienne de 1445**

Sommaire

Casque fermé
pour la joute (Italie, 1570)

Du cavalier fidèle au seigneur féodal

Au IVe siècle, l'Empire romain s'effondre lentement sous la poussée des invasions barbares. Parmi les envahisseurs, l'une des tribus les plus puissantes est celle des Francs, venus de l'ouest de l'Europe centrale. Les Francs conquièrent bientôt un vaste territoire où ils s'allient peu à peu avec l'aristocratie romaine. Trois siècles plus tard, en 800, leur chef, Charlemagne, se fait couronner « empereur d'Occident » ; il dispose d'une armée puissante encadrée par des cavaliers dont il s'assure la fidélité en leur distribuant des terres. Pendant le IXe siècle, l'Empire carolingien est déchiré par de nouvelles invasions et par les guerres de succession entre les descendants de Charlemagne. Dans ce climat d'insécurité, le pouvoir glisse peu à peu entre les mains de seigneurs locaux qui possèdent des armes et des chevaux, et qui assurent la protection des paysans en échange de leur soumission. C'est le début du système féodal qui va s'épanouir dans toute l'Europe occidentale, système basé sur le serment de fidélité à plus puissant que soi.

Monnaie de Charlemagne

Épieu à oreilles ▶

Les fantassins (combattants à pied) de l'armée carolingienne portaient un long épieu muni d'arrêtoirs en saillie ou « oreilles ». Les cavaliers devaient utiliser une version plus courte de la même arme qui prit alors le nom de lance. Les oreilles empêchent que l'arme ne s'enfonce et ne reste coincée dans le corps de l'adversaire.

▲ Cavalerie carolingienne

À l'époque de Charlemagne, et de ses descendants (les Carolingiens), les combattants à cheval prirent beaucoup d'importance. Sur ce manuscrit du IXe siècle, les hommes portent des armures en écailles de métal ou « broignes ». Ils ont aussi des casques, des boucliers, des lances et surtout des étriers qui leur assurent une meilleure assise.

Lame à double tranchant

▲ Cavalier barbare

Les armées barbares qui causèrent la chute de l'Empire romain comptaient plus de fantassins que de cavaliers, mais ceux-ci sont les ancêtres des chevaliers du Moyen Age. Sur cette plaque, datée environ de l'an 600, on voit un cavalier lombard qui monte à cru, sans selle ni étriers.

Oreille

Douille pour la hampe

Lame à double tranchant

Garde en acier

Poignée sans la partie en bois

Lame à tranchant convexe

▲ Une arme de taille !

Jusqu'à l'apparition des armures de plates, à la fin du Moyen Age, l'épée est une arme de taille : elle sert à trancher et non à piquer. Difficile à fabriquer, elle coûte cher ; elle est donc réservée aux hommes riches qui possèdent déjà un cheval. C'est ainsi qu'elle deviendra l'arme traditionnelle de la chevalerie.

Le roi et ses barons ▼

Le roi et tous les nobles étaient chevaliers, mais il existait aussi des chevaliers qui n'étaient pas issus de la noblesse. Cette scène du Xe siècle représente un roi entouré de ses barons dont la fidélité et la force armée lui sont indispensables pour garder le trône.

Hache d'armes ▶

Cette hache à lame convexe vient du nord de l'Europe. Elle était particulièrement appréciée des Vikings qui combattaient à pied. Montée sur un manche d'environ un mètre et maniée à deux mains par des hommes bien entraînés, elle était redoutable pour les cavaliers.

Charge ! ▼

Cette illustration tirée d'un manuscrit italien de 1028 représente des cavaliers mettant en fuite leurs ennemis. Ils portent de courtes cottes de mailles munies d'un camail recouvrant la tête, et ils possèdent en sus un casque conique. Leur mine peu avenante permet de préciser que la plupart des chevaliers de cette époque étaient surtout de rudes guerriers.

▲ Fer de hache

Les tribus barbares qui envahirent l'Empire romain combattaient surtout à pied. La cavalerie prit de l'importance au cours des siècles suivants. Cette hache vient d'Allemagne où le système féodal et la chevalerie se développèrent lentement.

Les normands débarquent

Afin de limiter les raids dévastateurs des Vikings sur les côtes de France, le roi carolingien Charles le Chauve leur offrit en 911 un territoire qui prit le nom de Normandie (en langue germanique, normand : homme du Nord). Leur chef Rollon devint le premier duc de Normandie. Venus de la mer, les Vikings combattaient surtout à pied, mais, une fois devenus Normands, ils prirent exemple sur leurs voisins et se révélèrent bientôt de redoutables cavaliers. Lorsque le roi d'Angleterre, Édouard le Confesseur, meurt en 1066 sans héritier direct, son cousin le duc Guillaume de Normandie réclame le trône et traverse la Manche avec une immense armée. Ce faisant, il réalise l'une des plus vastes entreprises militaires du Moyen Âge. Devenu roi d'Angleterre, il y introduit le système féodal qu'il avait établi en Normandie.

▲ L'armée traverse la mer

Sur le pont d'un bateau, les soldats normands de Guillaume le Conquérant s'apprêtent à débarquer, armés de leurs lances et de leurs boucliers en bois. Ce manuscrit français du XIᵉ siècle représente les bateaux qu'utilisèrent les Normands pour envahir l'Angleterre.

Aiguillon

Bossette métallique

Éperon à aiguillon ▲

Cet éperon du XIᵉ siècle est en fer étamé. On l'attachait au pied par des lanières rivetées aux deux extrémités des branches. Les éperons étaient portés par toutes sortes de cavaliers mais ils devinrent vite un des emblèmes favoris de la chevalerie.

Branche d'éperon

Umbo métallique

▲ Bien armé

Cette figurine en bronze du XIIᵉ siècle témoigne de la lente évolution de l'armement après l'époque normande. On y retrouve encore le casque conique à nasal et le long bouclier (ou écu) normand. Au centre du bouclier : un umbo décoré. Le haubert de mailles à manches longues se portait sur un vêtement rembourré appelé gambison.

Emplacement du bandeau pour fixer la courroie

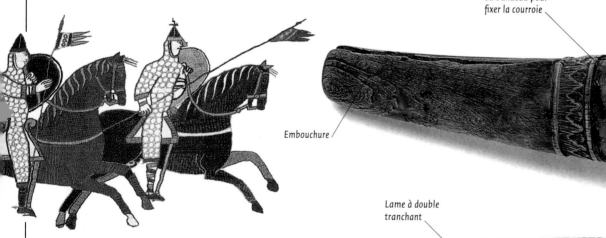

Embouchure

Lame à double tranchant

▲ La charge de cavalerie

Cette scène est tirée de la *Tapisserie de Bayeux*, broderie probablement exécutée vingt ans après la bataille d'Hastings. On y voit des chevaliers normands portant le haubert de mailles à capuchon, le heaume en acier muni d'un nasal et le bouclier pointu et incurvé appelé écu. Au bout des lances, les petits drapeaux ou pennons étaient portés par les hommes de haut rang.

Un mur de boucliers ▶

Sur cette scène de la *Tapisserie de Bayeux*, les Anglais défendent leur position sur une hauteur. Contrairement aux Normands, ils combattent à pied mais leur armement est très semblable à celui de leurs adversaires, hormis la grande hache viking accrochée à l'épaule du personnage de gauche. On aperçoit aussi des javelots et une masse d'armes. Les boucliers sont piqués de flèches normandes.

◀ Une foi solide

Les Normands furent de grands bâtisseurs. En Normandie comme en Angleterre, ils élevèrent non seulement des châteaux mais aussi des cathédrales, des abbayes, des églises. Ils importèrent en Angleterre le style roman qui s'épanouissait sur le continent au XIᵉ siècle. Les caractéristiques principales en sont les colonnes massives et les arches en plein cintre, comme ici à la cathédrale de Durham.

▲ La masse d'armes

Cette masse en bronze du XIIᵉ siècle est montée sur un manche moderne. La tête hérissée de pointes pouvait briser les os, même à travers une cotte de mailles.

Les pointes perçaient les mailles.

Figure mythique gravée

Conducteur de char

utteurs

▲ Sonner de l'olifant

Les olifants ne servaient pas seulement à faire de la musique, ou à annoncer le repas, c'était aussi un moyen de communiquer sur un champ de bataille. Celui-ci, creusé au XIᵉ siècle dans une défense d'éléphant, vient d'Italie du Sud. Les Normands s'y installèrent et conquirent la Sicile fort bien située sur les routes commerciales de Méditerranée ; ils y développèrent une brillante culture, mélange d'apports nordiques, byzantins et musulmans.

Gouttière médiane

Quillon

Pommeau

◀ À double tranchant

L'épée était l'arme du chevalier. Celle-ci possède en son milieu une gouttière qui l'allège. Le lourd pommeau contrebalance le poids de la lame et la rend plus maniable.

Naître noble, devenir chevalier

Vers sept ans, un garçon de sang noble quittait sa famille pour devenir page chez un autre noble. Là, il rendait de menus services, servait les dames, apprenait à monter à cheval et à soigner sa monture, et recevait parfois des rudiments d'instruction. À quatorze ans, il était nommé écuyer au service d'un chevalier et son éducation se poursuivait, fondée sur l'entraînement physique, la chasse et le maniement des armes. Mais il s'occupait aussi des chevaux et des armures de son maître. Celui-ci l'emmenait à la guerre : le jeune homme devait alors porter son armure, l'aider à s'habiller et l'assister en cas de blessure ; parfois, il participait à la bataille. Dans le sillage de son maître, au combat et au tournoi, il apprenait peu à peu les règles de la chevalerie. Vers vingt et un ans, lorsqu'il avait fait ses preuves, il était fait chevalier.

Plastron

Dossière

Cuirasse d'enfant ▲
Ces éléments d'armure datent de 1600 et ne sont qu'une partie de l'armure entière. Seules les familles riches pouvaient se permettre ce genre de dépenses.

Trou pour attacher les tassettes (pièces de métal courbes qui couvraient les hanches)

▲ Le page
La plupart des fils de famille noble étaient voués au métier des armes mais devenir chevalier exigeait en principe des qualités physiques et morales telles que le courage au combat, la loyauté et la courtoisie envers les dames.

La pratique mène à la perfection ▶
Pour devenir chevalier il fallait être en bonne forme physique. Les écuyers s'entraînaient donc par des exercices qui développaient les muscles et la précision des gestes, comme le montrent ces dessins du XVe siècle. Cette formation avait lieu en compagnie de chevaliers qui devaient, eux aussi, s'astreindre à des exercices réguliers. Ce long apprentissage des écuyers était indispensable à tous ceux qui voulaient figurer dignement sur un champ de bataille.

Placer la pierre

Lancer du javelot

Acrobatie

Combat avec l'épée

Escrime au bâton

Lutte

Héros de chaucer ▲

Geoffrey Chaucer écrivit ses *Contes de Canterbury* vers 1387. L'une des histoires est racontée par un écuyer comme celui que l'on voit ci-dessus, bon vivant et âgé de vingt ans. Il pouvait composer des chansons, danser, dessiner et écrire. Il savait monter à cheval et jouter. D'autres histoires montrent que certains écuyers se conduisaient comme des bandits.

◄ L'écuyer

Littéralement le mot signifie «celui qui tient l'écu» mais le statut d'écuyer a subi une évolution au cours du Moyen Age. Au XIᵉ-XIIᵉ siècle c'est un serviteur d'origine modeste. Puis il fut peu à peu remplacé par de jeunes nobles qui accompagnaient les chevaliers à la guerre et portaient leur bouclier. L'écuyer fut aussi celui qui tenait le cheval de l'homme d'armes, toujours de la main droite, lorsque celui-ci ne le montait pas. À partir du XIIIᵉ siècle, devenir chevalier coûte si cher que certains cherchent à rester écuyers sans se faire adouber.

▲ Que d'efforts !

Les écuyers avaient le loisir de s'entraîner sur des pieux en bois. On leur donnait des armes deux fois plus lourdes que les armes de guerre, pour se faire les muscles et en avoir une parfaite maîtrise.

À table ▲

Chaucer décrit comment le futur chevalier découpait les viandes à la table de son père. Cette épreuve d'adresse et de savoir-vivre faisait partie de toute éducation soignée.

Chausses en cuir

▲ L'adoubement

L'écuyer devenait chevalier lors de l'adoubement. Ce rite consistait, à l'origine, en une simple tape sur la nuque, puis il devint une véritable cérémonie suivie de joutes et de réjouissances : le futur chevalier recevait sur l'épaule un coup du plat de l'épée, donné par son maître ou par le roi. Puis on lui remettait cérémonieusement ses éperons et son épée.

▲ Le jeu de la quintaine

La quintaine était un mannequin de paille ou de bois symbolisant l'adversaire. Après avoir frappé l'écu, le cavalier devait s'éloigner au plus vite pour ne pas recevoir le coup de masse que le mannequin donnait en pivotant.

Du fer de pied en cap

L'armure des premiers chevaliers consistait en un haubert de mailles, sorte de tunique faite d'une multitude de petits anneaux de fer. Sous cette protection, on portait un vêtement matelassé, le gambison, qui amortissait les coups. Au XIIe siècle, les hauberts couvrent bras et jambes mais, à partir du XIVe siècle, on y ajoute des plaques d'acier pour renforcer la protection du torse et des membres. Enfin, vers 1400, on enferme le corps dans une armure de plates, ou harnois, composée de pièces de métal articulées et rivetées sur un support de cuir. Une telle armure pesait entre 20 et 25 kg mais le poids était réparti sur l'ensemble du corps, ce qui permettait à un homme bien entraîné de courir, de se coucher et de monter à cheval sans aucune aide. Cependant, l'armure de plates n'était pas sans défaut : on y avait très chaud et, une fois le casque fixé, on ne pouvait plus tourner la tête.

▲ Que de mailles!
Dans ce vêtement en mailles, chaque anneau est relié à quatre autres avant d'être refermé. Une cotte pesait de 10 à 14 kg, le poids étant principalement réparti sur les épaules. Comme la maille était flexible, elle n'empêchait pas qu'un coup vigoureux puisse casser des os.

▲ L'infinie variété des casques
Ce cavalier du XIVe siècle porte un casque à crête qui permettait qu'on le reconnaisse dans une bataille. Ce type de coiffure perdit son attrait au profit du bassinet et de sa visière.

Comme du tricot ▶
Personne ne sait exactement comment on procédait pour assembler les anneaux. Sur ce dessin du XVe siècle, l'ouvrier utilise des pinces pour les refermer. Comme pour le tricot, le nombre de mailles par rang déterminait la taille.

Goupille permettant d'enlever la visière

Lien de fixation au col de mailles

◀ Bassinet
Ce bassinet italien de la fin du XIVe siècle comportait à l'origine une visière qui se relevait au-dessus des yeux. Elle fut remplacée ultérieurement par une visière à charnière latérale. Ce type de casque est souvent nommé bassinet à « bec de moineau ».

Trous de ventilation

Élégance italienne ▶
Cette paire de gantelets italiens de la fin du XIVe siècle était montée par des rivets sur des gants de cuir. Plus tard, on lui ajouta des protège-phalanges à chaque doigt. Sur la bande de cuivre qui borde chaque manchette on peut lire le mot « amour ».

Col de mailles moderne

Salade ▶

Les cavaliers rapides utilisaient souvent ce genre de casque nommé «salade» et retenu par une jugulaire.

Salade
(Allemagne,
1480-1510)

Visière avec
vue horizontale

Décor cannelé dit
«gothique»

▲ Évolution de l'armure

À gauche, ce chevalier de 1340 porte un gambison recouvert d'une cotte de mailles, elle-même recouverte de quelques plaques d'acier de même que sur les jambes. A droite, un chevalier de 1410 portant une armure de plates complète.

Barbute ▲

Ce casque italien datant des environs de 1445 ressemble à un ancien casque grec. Les rivets en forme de rose, situés au-dessus des yeux, servaient à fixer une doublure intérieure. Ceux du bas tenaient la jugulaire en cuir qui empêchait qu'un coup ne fît tomber le casque.

▲ Désarçonné !

Les chevaliers devaient se protéger des violents coups de lance ou de masse d'armes. Sur ce dessin du début du XIIIe siècle on voit le large bouclier qu'ils utilisaient. Vers 1400, l'efficacité des armures permit de réduire la taille des boucliers.

Garde
en pointe

Plate
centrale

Plates
articulées

Plate adaptée
aux crêtes
palmaires

Du tissu par-dessus la maille ▲

Ce chevalier de 1250 porte une cotte d'armes par-dessus son haubert de mailles. Souvent ornées d'armoiries, les cottes d'armes permettaient de distinguer l'ami de l'ennemi sous le casque.

Gantelet ▲

Ce gantelet se termine sur l'avant-bras en une pointe garnie de cannelures suivant la mode des armures allemandes à la fin du XVe siècle. L'intérieur était garni d'un gant de cuir sur lequel on rivetait de fines plaques pour les doigts. Ce genre de protection était beaucoup plus efficace que les mailles.

Quand l'armure suit la mode

Aussi tranchantes, aussi acérées soient-elles, les armes s'émoussent sur la surface lisse des armures de plates que les riches chevaliers adoptent dès le XVe siècle. Les plaques d'acier résistent aux balles, réduisent l'impact des coups tout en restant raisonnablement légères. Comme le costume civil l'armure a sa mode ; elle est autant parure de cour que vêtement de guerre. On la peint en noir selon le goût allemand, on la « bleuit » par rechauffe de l'acier pour la rendre plus souple, on la blanchit, on la polit. Certaines pièces sont gravées au stylet. Les décors obtenus par gravure à l'acide n'apparaissent qu'au XVIe siècle. On utilise aussi l'or ou la dorure pour embellir un plastron ou un casque, rehausser une bordure et même, parfois, orner l'armure tout entière.

Visière à « soufflets » que l'on pliait comme un accordéon

Épaulière faite de plaques articulées

Rouelle pour protéger l'aisselle

L'aileron de genouillère protégeait le genou des coups transversaux.

Maximilienne ▶
Les côtes de cette armure allemande de 1520 imitent les fronces très répandues sur les costumes de l'époque. Elle porte le nom de l'empereur allemand Maximilien, bien que ce dernier n'ait rien à voir avec une mode d'armure, et combine le style italien arrondi avec le décor cannelé du XVe siècle. La maximilienne disparut vers 1530. Il s'agit d'une reconstitution à partir des pièces provenant de plusieurs armures.

Masque de dauphin gravé et doré, placé au-dessus de deux volutes en queue de poisson

Ailes décoratives « recuites au bleu » puis gravées, ou dorées

◀ À l'air libre
La bourguignotte est un casque ouvert laissant arriver plus d'air au visage que l'armet fermé ci-dessous. Cet exemplaire, avec son décor style « Rome antique », servait plus à la parade qu'à la guerre : il fut fabriqué à Augsbourg (Allemagne) vers 1520.

Bourguignotte

Frises de têtes d'anges

La visière a des pivots communs avec la protection faciale

Tenon pour lever la visière

◀ Protection du visage
L'armet, ou casque fermé, est muni d'une visière pour protéger le visage. Celui-ci a été fabriqué en France vers 1575 Le magnifique décor en relief qui le recouvre permet de penser qu'il s'agit d'un casque de parade.

Figures en armures romaines

Sur le gorgerin, un lion endormi

Casque fermé (ou armet)

Gorgerin attaché à la mentonnière pour protéger le cou

Les plaques étroites de cette ventaille peuvent se glisser les unes sur les autres pour donner plus d'air au visage.

Épaulière constituée de plusieurs bandes de métal reliées par des lanières de cuir

Arrêt de lance qui portait une partie du poids de la lance et l'empêchait de rentrer dans l'aisselle au moment de l'impact

Entrée triomphale ▶
Cette peinture représentant Louis XII sur son cheval en tenue de parade date de 1510. Suivant la mode d'alors il porte un vêtement par-dessus son armure, et son casque est surmonté d'un cimier d'apparat.

Plastron de renfort mobile pour augmenter la protection contre les armes à feu

◀ Dessin de maître
Jacob Halder, maître armurier à Greenwich près de Londres, exécutait des dessins d'armures, de pièces pouvant se monter en armure de guerre ou de joute pour ses clients potentiels. Celle-ci était destinée à sir Henri Lee, maître des armures à la Tour de Londres de 1578 à 1610.

Les petites plaques du gantelet sont tapissées intérieurement de cuir et laissent une totale liberté à la main.

La genouillère est formée de plaques qui se chevauchent, permettant de plier le genou sans le découvrir.

La dernière mode ▶
Cette armure réalisée pour lord Buckhurst, en 1587, provient des ateliers de Greenwich fondés par Henri VIII, roi d'Angleterre. Suivant la mode vestimentaire du temps, le plastron s'allonge en pointe sur l'abdomen. Les tassettes sont très évasées pour porter les volumineux hauts-de-chausses alors en vogue. Le casque est muni d'une protection faciale à triple volet ou ventaille.

Les solerets flexibles ne recouvrent pas la semelle afin que le pied ne glisse pas sur l'étrier.

▲ À la parade
Sur cette gravure sur bois du XVIᵉ siècle extraite du *Triomphe de l'empereur Maximilien*, trois chevaliers portent d'immenses bannières de parade représentant la Styrie, l'Autriche et la Vieille Autriche, trois provinces de l'empire Habsbourg. Les chevaux portent des armures de plates ; celle du milieu comporte des pièces de renfort pour protéger le haut des jambes du cheval, ce qui était très rare.

Des armures sur mesure

On a souvent dit que les armures de plates étaient rigides et encombrantes. En réalité, elles étaient conçues pour permettre une grande liberté de mouvement et devaient beaucoup à l'extrême ingéniosité des armuriers qui travaillaient sur mesure et réalisaient des prouesses techniques pour adapter les plaques aux articulations du corps : certaines, jointes par des rivets coulissant dans une rainure, glissaient l'une sur l'autre ; d'autres, rivetées ensemble, pivotaient simultanément en un même point. On utilisait aussi à l'intérieur des lanières de cuir qui servaient de points de flexion. Les plaques tubulaires s'emboîtaient de façon à tourner l'une dans l'autre, chacune d'entre elles étant munie soit d'une rainure, soit d'une arête qui s'épousaient parfaitement.

Clé de blocage de la visière dans le mézail

Visière

Œillet pour le bouton qui relève la visière

Plaque de renfort

Partie haute du mézail

Timbre

Trappe de respiration

Crochet de maintien de la visière dans le mézai

Charnière entre parties haute et basse

Partie basse du méza

Porte-plumet

Rivet qui maintient le rembourrage intérieur

Languette d'attache du mézail au timbre

▲ **Casque fermé pour la joute**
Ce casque italien richement décoré date de 1570. Il est renforcé par une plaque rivetée au sommet du crâne (ou timbre). La visière se fixe dans le méza (protection de la face), lui-même divisé en une partie haute et une partie basse. Mais ces trois pièces pivotent au même endroit et peuvent être verrouillées ensemble.

Protège-doigt

Charnière

Décor cannelé

Plaque de pouce

▲ **Gantelet fermé ou miton**
Datant de 1515 environ, ce gantelet allemand permet de serrer le poing. Grâce aux rivets fixés à chaque extrémité, les plaques peuvent épouser la forme de la main qui se ferme. Le bouclier, monté sur une charnière indépendante, s'applique sur la mitaine intérieure en cuir.

Les rivets permettent aux plaques de pivoter.

Rivet d'attache du gant

▲ **Travail à chaud**
Un armurier a chauffé un morceau d'acier pour le ramollir et le travailler sur une enclume fixée dans un tronc d'arbre. Un soufflet permet d'activer le feu de la forge.

Trou dans lequel se loge le téton fermant le canon d'avant-bras

Lanière de connexion

Cubitière

Canon d'avant-bras

Charnière

Bourrelet
torsadé

Bordure
en acier
repoussé

Nervure
verticale

Œillet
pour le
bouton
d'attache
de la grève

Canon de bras

Point de rotation

Pièce de cuir pour attacher
le cuissard au plastron

Cuissard

Aileron de
genouillère

Rivet pour
doublure
interne

Nervure
torsadée

Aileron

Fente pour bloquer
le bouton d'attache
de la grève

Genouillère

Lanière de fixation
(moderne)

Lanière
d'attache
au gorgerin

Lanière d'attache
du cuissard

Intérieur de cuissard

Les rivets permettent
aux plates de pivoter.

Lanière pour attacher
la genouillère

Rivet coulissant

Rivet d'articulation

Épaulière

◀ Cuissard et genouillère

Ci-contre, une protection cuisse-genou
datant du début du XVIᵉ siècle. On voit que
seul le dessus de la cuisse était protégé.
La pièce de cuir du haut permet
d'attacher le cuissard au plastron
et les trous du bas font la liaison
avec le couvre-jambe (ou grève).

▲ Mise en forme

Cet armurier du début
du XVIᵉ siècle martèle
une pièce de métal à froid
sur une enclume. Pour façonner
les pièces courbes, il utilise
aussi des formes incurvées
adaptées aux arrondis qu'il
veut obtenir. Ces formes
sont fichées dans des
socles taillés dans
des sections de
tronc d'arbre.

Épaulière et canon de bras

Cette pièce, de la fin du XVIᵉ siècle, protège
l'ensemble du bras, depuis l'épaule jusqu'au
poignet. L'épaulière (ou spallière) est faite de
plusieurs plaques jointes par des rivets coulissants
et des lanières de cuir qui permettent de légers
mouvements de rotation. La cubitière et le canon
d'avant-bras sont également liés par des lanières
de cuir. Sur le canon d'avant-bras : un bouton
de fermeture et l'œillet dans lequel il s'emboîte
grâce à l'élasticité de l'acier.

Quand les chevaliers prennent les armes

L'épée est, au Moyen Âge, le symbole même de la chevalerie. Jusqu'au XIIIe siècle, c'est surtout une arme de taille (pour trancher), à double tranchant, mais, au siècle suivant, lorsque se généralise le port de l'armure de plates, on s'ingénie à faire de l'épée une arme d'estoc dont la pointe acérée est capable de percer les jointures des armures. À la même époque, la masse d'armes connaît un regain de faveur car elle provoque des chocs redoutables, même à travers la cuirasse ! Cependant, la lance ne cesse de croître en longueur et c'est vers 1300 qu'elle se dote d'une garde circulaire pour protéger la main. La hache à manche court peut également être utilisée à cheval, tandis que les pics, épieux et hallebardes sont réservés aux fantassins qui les manient à deux mains.

▲ Sur le pied de guerre
Ce gisant du XIIIe siècle tient son épée dégainée dont la lame à double tranchant pouvait entailler une cotte de mailles et porter des coups mortels.

▲ Le maniement de la lance
Sur ce manuscrit du XIVe siècle, les chevaliers se préparent au combat : leur lance est encore verticale, ils l'abaisseront à l'horizontale en prenant le galop de charge.

▼ Une épée étincelante
Cette épée fabriquée vers 1460 possède des quillons en cuivre doré.

Quillon en cuivre doré

Pommeau en queue de poisson

Poignée en corne

Tailler sa route ! ▶
Cette illustration tirée d'un manuscrit du XIVe siècle montre qu'à cette époque, on utilisait encore beaucoup les épées à double tranchant. On a retrouvé des squelettes dont l'étude informe sur la force des coups portés, qui pouvaient aller jusqu'à fracturer des os.

Côte saillante

Masse d'armes à côtes saillantes ▶
Le dessin de cette masse suffit à expliquer la force des coups qu'elle pouvait donner. Elle fut très en vogue au XIVe siècle avec l'apparition des armures de plates. Celle-ci, en bronze, est montée sur un manche moderne. Il existait un autre modèle, appelé « fléau d'armes », où la tête est une boule d'acier reliée à un manche par une chaîne ; on s'en servait dans les combats à pied.

Manche moderne

Pommeau en queue de poisson

Poignée moderne en corde

▲ La grande épée
On la maniait à deux mains pour augmenter la force des coups. Elle fit son apparition au XIIIe siècle, et s'accrochait à la selle, en complément de l'épée traditionnelle, plus courte, que le chevalier portait à la ceinture. Celle-ci, d'origine anglaise, date de 1450.

Lame à section en losange

Marque du fabricant

Lame à section en losange

Quillon

Poignée moderne
en corde

Pommeau en forme de
roue avec un couvercle

▲ À la pointe
Sur cette épée de la seconde moitié
du XIVe siècle, la lame avec dégorgeoir
a fait place à une autre à section en losange.
Elle est beaucoup moins souple et plus
pointue, pour améliorer les coups d'estoc
qui pouvaient percer une cotte de mailles.

La mort ou la gloire ▶
L'impact de deux chevaliers
se heurtant à environ 70 km/h faisait
de la lance une arme mortelle.
Sur cette gravure du XVe siècle,
la lance d'un combattant
a poinçonné l'armure de
l'autre. L'homme qui est
à gauche utilise une lourde
épée à double tranchant
appelée «fauchard».
Par terre, on peut voir
un marteau d'armes.

▼ Armes des gens de qualité
Les deux épées ci-dessous, de la fin
du XVe siècle, furent probablement
faites pour de riches personnages.
Le pommeau évidé de celle du haut
permettait de recevoir une plaque
portant les armes du propriétaire.

Pommeau
en forme
de figue

Vide pour
petit écusson

Courte hache ▶
Parfois, les chevaliers maniaient la
hache à deux mains, mais il était plus
facile, à cheval, de se servir d'un modèle
plus court. Celle-ci, du XIVe siècle, possède
deux brides le long de la hampe pour éviter
que le fer, avec son prolongement en forme
de bec, ne soit coupé du manche.

Bride
de métal

▲ La saignée
La dague n'était pas une arme noble mais sa pointe effilée était très efficace
pour pénétrer les jointures des armures, trancher la gorge, taillader le visage
de l'adversaire. Elle était souvent maniée par les fantassins.

Lame à simple tranchant

Reste de décor doré

Rouelle

▲ La dague
La dague n'apparaît guère avant le XIVe siècle. Celle-ci, de la fin du XVe,
est nommée «dague à rouelles» à cause des deux disques de protection
de la poignée. On la conservait dans un étui en cuir décoré.

Les chevaux aussi s'habillent de fer

Point de chevalier sans cheval ! La guerre, la chasse, le tournoi, les voyages...
Tous les aspects de la vie noble sont liés à l'équitation. Compagnon indispensable
du combat, le destrier, ou cheval de guerre, est aussi la partie la plus coûteuse
de l'équipement militaire du chevalier. C'est un étalon de bonne hauteur
et de large poitrail qui doit être alerte, robuste et de bonne assise. Les plus
renommés venaient d'Italie, de France et d'Espagne. À partir du XIIIe siècle,
l'usage du cheval se généralise et il n'est pas rare de voir un chevalier posséder
deux destriers sans compter d'autres chevaux pour les tâches annexes.

Pour la chasse, on préférait un coursier, animal souple,
endurant et rapide. Pour les voyages, un palefroi
de bonne race faisait l'affaire. Enfin,
les bagages, fixés sur des «sommiers»,
étaient transportés par des
animaux très robustes,
les chevaux de somme.

Parure de roi ▲
Cette miniature du début
du XIVe siècle représente le roi
d'Angleterre. Le vêtement
de la monture, ou caparaçon,
pouvait être rembourré
et servir de protection.
Certains étaient en mailles.
Le chanfrein, qui protège
la tête du cheval, est
surmonté d'un cimier.

Parure de destrier ▶
Le destrier pouvait porter une
armure sur la tête, la nuque
et le poitrail, ici richement
décoré. Le harnachement
du cheval a subi une
constante évolution :
sur cette miniature
du XVe siècle, on observe
un double jeu de rênes
et des étriers très bas,
pour une meilleure
assise lors de la charge.

Décor gravé
et doré

Œil pour fai
passer les
étrivières

Plaque de métal
articulée

▼ L'aiguillon
Le cavalier aiguillonnait son cheval avec la pointe
émoussée des éperons pour ne pas le blesser.
Ici, un éperon à aiguillon du XIIe ou XIIIe siècle
que l'on fixait au pied par des lanières
de cuir rivetées aux extrémités
de chaque branche.

Aiguillon

Molette

Sole

Éperon à molette ▶
C'est au début du XIVe siècle
que la molette tournante remplace
l'aiguillon sur l'éperon. Le modèle
ci-contre, en cuivre doré,
date du XVe siècle.

▲ Bonne assise
Cet étrier en acier, datant du XIVe siècle, pendait bas
pour que le cavalier ait la jambe bien tendue.
Ceci, conjugué avec une selle au troussequin et au pommeau
rehaussés, donnait une bonne assise pour combattre.

Pointe spiralée

Pique-plumet

▲ Un bon coursier
Cette gravure sur bois du XVᵉ siècle représente
un messager montant un coursier, cheval
sélectionné pour son endurance
et sa rapidité.

Œillère

▲ Une tête bien faite
Les armures de chevaux étaient
rares et coûteuses. On se contentait
souvent du chanfrein qui enveloppait seulement
la tête de l'animal. Les premiers semblent dater
du XIIᵉ siècle. Celui-ci, fabriqué en Italie en 1570, est prolongé
par une protection cervicale constituée de plaques articulées
ontées sur une doublure de cuir. L'ensemble est décoré de frises
rées représentant des animaux et des personnages.

Protection nasale

**Cheval
de joute ▶**
Le mot destrier
vient du latin
dextra (droite),
et suggère que
l'on dirigeait
les chevaux avec
a main ou la jambe
oite pour s'écarter
vers la droite,
dans une joute.

La gourmette passe
sous la bouche du cheval.

Chaperon

Bossette
décorée

**◀ Diriger avec
la bouche**
De la fin
du Moyen Age
au XIXᵉ siècle,
les cavaliers militaires
ont utilisé un mors
à gourmette. Les longues
branches, agissant comme
des bras de levier,
permettaient d'exercer
une pression très
contrôlée sur la bouche
de l'animal.

Anneau pour
les rênes

Chanfrein ▶
Sur cette pièce allemande,
un chaperon attaché par une
charnière permet de mieux
protéger le haut de la tête
du cheval. Il manque la pique
centrale. Les rivets servaient
à tenir une doublure interne.

Bâillon ▲
Celui-ci est fait d'un cadre d'acier et de panneaux ciselés.
haut, une inscription en allemand : « Mon but est la volonté
e Dieu. » Plus bas, un panneau supporté par deux lézards,
avec un aigle impérial et la date : 1564.

Un château à l'abri des dangers

Le château était à la fois la résidence d'un seigneur ou d'un comte, le cœur d'un domaine foncier et le logement d'une garnison de soldats. Nés de l'insécurité causée par les invasions vikings, les premiers châteaux forts apparaissent au IXe siècle dans l'ouest de la France. La plupart étaient en bois, entourés de palissades et de levées de terre. Puis ce furent des forteresses de pierre, plus solides et résistant mieux aux incendies. En même temps, on essayait de rendre les aménagements intérieurs plus confortables. Au XVe siècle, avec l'apparition de l'artillerie, le château perd sa vocation militaire pour devenir résidence d'agrément. Il restera longtemps un symbole de pouvoir sur la campagne alentour, mais c'est désormais le roi qui prend en charge la défense du pays.

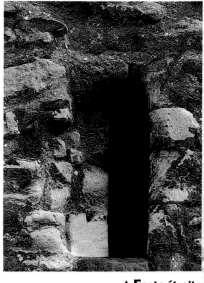

▲ Fente étroite
Les fenêtres construites près du sol étaient petites pour éviter les intrusions ou les projectiles ennemis. Néanmoins, elles s'évasaient vers l'intérieur pour laisser entrer le plus de lumière possible.

La place et la cour ▶
Les châteaux du Xe au XIIe siècle étaient construits sur une motte : butte naturelle ou artificielle, élevée avec la terre prélevée dans les fossés. Au centre se dressait la tour de bois entourée d'une palissade. La basse-cour abritait les réserves et les habitations.

◀ Solide comme la pierre
L'emploi de la pierre se généralise au XIe siècle, d'abord pour les enceintes puis pour le donjon lui-même. Typiques de cette époque, les grands donjons carrés étaient assez vastes pour abriter la maisonnée du seigneur et la garnison. Les premières tours rondes datent du XIIe siècle.

▲ Les hommes au travail
Construire un château demandait des années et coûtait une fortune. Après avoir choisi l'emplacement idéal et fait les plans avec un architecte, le seigneur se chargeait d'acheminer les divers matériaux (pierre, chaux, eau, sable, bois). Il fournissait la main-d'œuvre nécessaire en embauchant des ouvriers qualifiés et en exigeant l'aide de ses paysans.

Défenses concentriques ▶
A partir du XIIIe siècle, on construisit parfois des châteaux avec deux lignes de défense sur deux enceintes concentriques. Le rempart intérieur, plus élevé, donnait aux archers un meilleur champ de tir. On ajouta une enceinte aux châteaux plus anciens. On sut également utiliser les rivières pour créer des zones de défense.

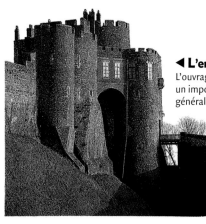

◀ Château branlant
Construire un donjon de pierre à la place d'une tour en bois n'était pas sans risque, car la motte artificielle pouvait s'affaisser, provoquant des fissures dans les nouveaux murs de pierre, comme ce fut le cas au château de Clifford (Angleterre).

◀ L'entrée
L'ouvrage d'entrée était un important point de défense généralement encadré par deux fortes tours comme ici au château de Douvres (XIIe siècle). La base des murs est talutée (évasée) pour empêcher tout travail de sape lors d'un siège.

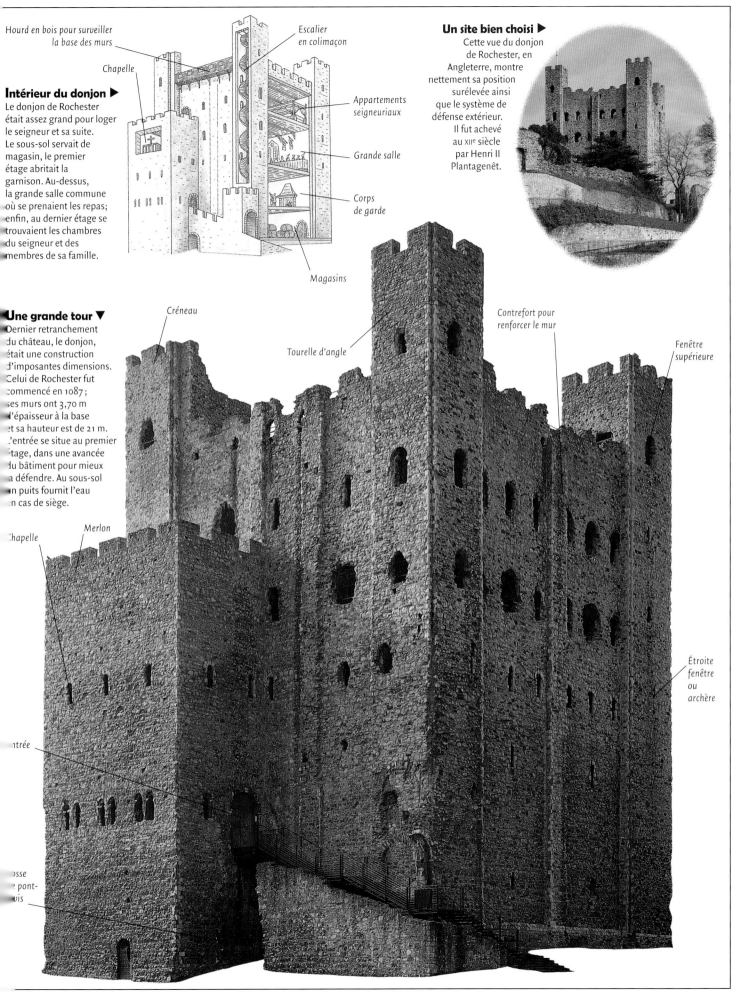

Hourd en bois pour surveiller la base des murs

Chapelle

Escalier en colimaçon

Intérieur du donjon ▶

Le donjon de Rochester était assez grand pour loger le seigneur et sa suite. Le sous-sol servait de magasin, le premier étage abritait la garnison. Au-dessus, la grande salle commune où se prenaient les repas; enfin, au dernier étage se trouvaient les chambres du seigneur et des membres de sa famille.

Appartements seigneuriaux

Grande salle

Corps de garde

Magasins

Un site bien choisi ▶

Cette vue du donjon de Rochester, en Angleterre, montre nettement sa position surélevée ainsi que le système de défense extérieur. Il fut achevé au XIIe siècle par Henri II Plantagenêt.

Créneau

Tourelle d'angle

Contrefort pour renforcer le mur

Fenêtre supérieure

Une grande tour ▼

Dernier retranchement du château, le donjon, était une construction d'imposantes dimensions. Celui de Rochester fut commencé en 1087; ses murs ont 3,70 m d'épaisseur à la base et sa hauteur est de 21 m. L'entrée se situe au premier étage, dans une avancée du bâtiment pour mieux la défendre. Au sous-sol un puits fournit l'eau en cas de siège.

Chapelle

Merlon

Étroite fenêtre ou archère

Entrée

Fosse pont-levis

23

Le château en guerre

Les défenses des châteaux devinrent de plus en plus ingénieuses. L'assaillant devait d'abord franchir les fossés, parfois hérissés de piquets qui ralentissaient sa marche et en faisaient une cible facile pour les archers postés sur les murailles. Les douves, ou fossés remplis d'eau, étaient assez rares mais constituaient un réel obstacle et empêchaient tout travail de sape à la base des murs.

Les tours en saillie, sur la courtine, offraient aux défenseurs d'excellents champs de tir, sans angles morts ni recoins pour abriter l'ennemi. Les assiégés disposaient également de petites portes dérobées favorisant des sorties furtives ou des attaques-surprises.

Herse en bois recouverte de métal

Les portes en bois sont fermées de l'intérieur par des barres de fer.

▲ L'entrée
C'était un point réputé vulnérable dont on soignait la défense. Elle était souvent gardée par un pont-levis que l'on remontait en cas d'attaque et, plus rarement, par une lourde grille de fer (ou herse) qui formait une barrière infranchissable.

▲ Plafond voûté
On a aménagé des trous dans le plafond voûté de l'entrée du château. Ceci permettait soit de verser de l'eau pour éteindre les incendies allumés par l'ennemi, soit de lui jeter des pierres, ou encore de l'eau bouillante sur la tête.

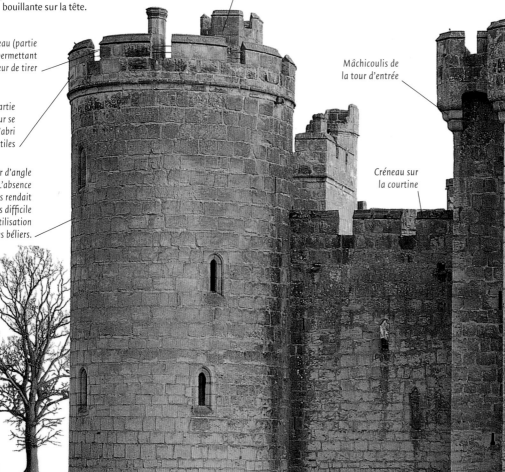

Les hautes tourelles (ou guettes) permettaient de voir l'ennemi de loin.

Créneau (partie creuse) permettant au défenseur de tirer

Merlon (partie pleine) pour se mettre à l'abri des projectiles

Tour d'angle arrondie. L'absence d'angles rendait plus difficile l'utilisation des béliers.

Mâchicoulis de la tour d'entrée

Créneau sur la courtine

Douves

Franchir le mur ▶

Cette peinture du XIVᵉ siècle illustre la prise d'un château par Godefroi de Bouillon au XIᵉ siècle. Ses soldats tentent d'escalader les murs avec des échelles d'assaut que les assiégés essaient de repousser.

Embrasure ▶

Une embrasure est une sorte d'alcôve percée dans l'épaisseur du mur, avec une petite ouverture sur l'extérieur, appelée meurtrière. Celle-ci permettait aux archers ou aux arbalétriers de tirer sans être eux-mêmes à découvert. Sur la photo ci-contre, le bas de la meurtrière a été arrondi pour que l'on puisse utiliser des armes à feu.

Tours de flanquement ▶

Sur cette photo prise en contre-plongée, on distingue, au sommet du mur, des mâchicoulis: ce sont des ouvertures aménagées en surplomb qui permettent un tir plongeant sur l'ennemi. Toutes sortes de projectiles faisaient l'affaire : eau bouillante, sable brûlant, mais aussi de l'eau froide pour éteindre les débuts d'incendie.

Console en pierre supportant le mâchicoulis

▲ Pendant le siège

Les attaquants et les assiégés de ce château utilisent des machines de jet pour s'envoyer des projectiles.

▼ Un seigneur bien défendu

Le château de Bodiam, dans le Sussex, fut construit en 1385 par sir Edward Dalyngrigge pour se défendre d'une éventuelle invasion française. Il n'a qu'un seul mur d'enceinte avec des tours rondes aux coins et de larges douves. L'absence de portes de communication entre les appartements du seigneur et les quartiers des soldats est censée éviter toute traîtrise de l'intérieur.

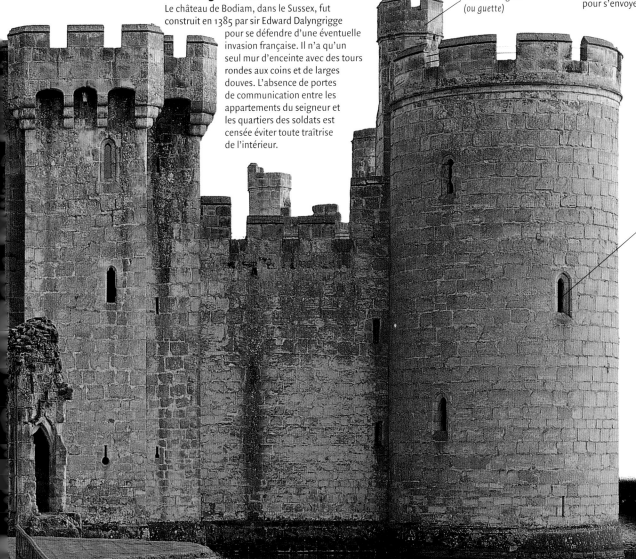

Tourelle de guet (ou guette)

Fenêtre ébrasée laissant entrer la lumière tout en protégeant des projectiles

Les assaillants mènent le siège

Avant d'attaquer un château, l'assaillant proposait aux occupants de se rendre. En cas de refus, les hostilités commençaient. La manière la plus simple de mener un siège était d'attendre que les assiégés aient épuisé les réserves de nourriture, en isolant complètement la forteresse du monde extérieur. La seconde méthode consistait à pénétrer de force dans la place. Soit en passant sous les murs : c'était là le travail des mineurs qui creusaient des galeries et sapaient les fondations ; soit en passant par-dessus les murs : avec des échelles d'assaut ou des tours de siège à pont basculant ; soit encore en faisant tomber les murs à l'aide de puissants béliers ou de machines de siège telles que le mangonneau, ancêtre du canon, qui tirait d'énormes boulets de pierre.

Bras du contrepoids

Fronde

Poids

Poche de la fronde

Corde pour réarmer le bras

Corde de tirage

Le trébuchet ▲

Son introduction en Europe date du XIIe siècle. Il fonctionne sur le principe du contrepoids. La pièce maîtresse de la machine est un levier en bois : à l'extrémité on fixe un lourd poids, à l'autre une fronde contenant le projectile. Lorsque le poids s'abaisse, le bras de levier se redresse et la fronde libère le projectile avec force. Le bras pouvait atteindre 18 m de long et envoyer jusqu'à une distance de 300 m des boulets de 50 à 90 kg.

À la force des bras ▶

Il s'agit là d'un trébuchet à traction et non à contrepoids. La force motrice vient d'une équipe d'hommes qui tirent sur des cordes pour donner de la vitesse à la poche contenant le projectile et l'expédier dans les airs. C'était une machine de siège plus petite, que l'on rechargeait plus facilement et que l'on pouvait déplacer sur le champ de bataille, mais qui ne supportait que de faibles charges.

▲ L'assaut

Les assiégeants attaquent le château avec des échelles, tandis que des arbalétriers et des artilleurs couvrent l'assaut. Les attaquants utilisent aussi des canons pour faire des brèches dans les murs. A partir du XVe siècle, le canon devient d'usage courant mais il sert surtout à effrayer l'adversaire !

▲ L'ancien et le nouveau

Sur ce dessin, du XVe siècle, un trébuchet trône à côté d'un artilleur et de son petit canon.

Fer à section carrée — Bois moderne — Carreau de baliste — Empenne en bois

◄ La baliste

C'est une énorme arbalète de siège capable d'envoyer de gros carreaux comme celui qui figure ci-dessus. Malgré sa taille, la baliste était utilisée contre les personnes. Sa portée, de 200 à 300 m, permettait d'empêcher de loin toute sortie des assiégés.

▲ En vigie

Dans cette illustration d'un siège, les assiégeants se servent d'une tour mobile en bois pour observer.

Baliste et trébuchet ▲

Cette illustration tirée du *Roman d'Alexandre* (XIVe siècle) indique les différentes manières d'armer les machines de siège: sur la baliste, une manivelle actionne une grosse vis filetée entraînant la corde tandis que le trébuchet nécessite un treuil puissant pour abaisser la fronde.

Mangonneau vu de côté

▲ En théorie

Ceci est le dessin d'un pont en bois recouvert d'un toit pour que l'on puisse traverser en toute sécurité un fossé. Il est tiré d'un manuscrit contenant les inventions militaires qui n'ont probablement jamais été utilisées.

Cuillère en bois pour projectile

Bras de lancement

Écheveau de cordes tressées faisant ressort

Corde pour armer le bras

Mangonneau en action

▲ Reddition

Sur cette peinture du XVe siècle, les clés sont remises au vainqueur en signe de reddition. Bien souvent celui-ci était sans pitié et faisait massacrer ceux qui lui avaient résisté : le château était pillé, plus rarement détruit. Parfois, le chef de la garnison assiégée demandait une trêve pour obtenir de son seigneur la permission de se rendre.

Mangonneau vu de face

◄ Un ressort de cordes

La catapulte héritée des Romains est le mangonneau du Moyen Age. Un système de ressort obtenu par un écheveau de cordes tressées ramène à la verticale un bras terminé par une cuillère. Tiré en arrière puis lâché brutalement, le bras vient frapper une barre transversale et la cuillère libère le projectile.

Le chevalier endosse son armure

Pour revêtir une armure de mailles on enfilait le haubert par la tête et l'on ajustait dessus, le cas échéant, des plaques de renfort pour les épaules et le torse. La mise en place de l'armure de plates, nettement plus compliquée, pouvait ne durer que quelques minutes avec l'aide d'un écuyer bien entraîné. Après avoir endossé le gambison rembourré qui empêchait tout contact du métal avec la peau, le chevalier se faisait habiller, pièce par pièce. Certaines armures allemandes du XVᵉ siècle étaient lacées sur le gambison, mais, au siècle suivant, la plupart des pièces de l'armure étaient ajustées entre elles au moyen de lanières et de rivets. Cette page illustre les étapes de l'armement d'un chevalier. Il s'agit ici d'une armure gothique allemande de la fin du XVᵉ siècle.

Gambison

Lanières cirées

Pièces de renfort

1 Doublure ▲
À ce sous-vêtement rembourré on fixe des lanières de cuir cirées pour attacher différentes parties de l'armure. Les parties en mailles sont destinées à protéger les endroits où les plaques ne couvrent pas le corps.

Cuissard

Genouil

Grève

Soleret

▲ 2 Pied, jambe, cuisse
En commençant par en bas, on chausse les solerets, puis on met les grèves, les genouillères et les cuissardes dont la partie haute est attachée au torse.

Dossière

Plastron

Ceinturon

Braconnière

3 L'aine ▲
Pour protéger l'aine, que l'on peut difficilement recouvrir de plaques d'acier trop rigides, on revêt une courte jupe de mailles.

▲ 4 Le dos
Mise en place de la dossière. La partie située en dessous de la taille (la braconnière) a une forme très évasée pour protéger les fesses et les reins. Une ceinture à boucle est rivetée à la taille.

5 Le torse ▶
Le plastron est relié à la dossière par des courroies à la taille et aux épaules ; l'ensemble dossière-plastron forme la cuirasse.

Épaulière

Rouelle

Canon de bras

Canon d'avant-bras

Cubitière

Gant de cuir interne du gantelet

Dague à rouelle

Baudrier

Épée

7 Le gantelet, l'épée et la dague ▶
Les gantelets sont formés de plaques indépendantes montées sur du cuir. L'épée se porte à gauche, dans un fourreau qui pend au baudrier selon un angle étudié pour que l'on puisse dégainer rapidement. La dague, arme d'appoint, est accrochée au côté droit.

6 Épaule, bras, coude et aisselle ▲
Des lanières de cuir cousues sur les manches du gambison passent par deux œillets percés dans l'acier pour fixer la cubitière et le canon de bras. L'épaulière et la rouelle protègent respectivement l'épaule et l'aisselle.

Habillage ▶
Cette peinture de 1460 environ est une rare exception. Elle illustre l'habillage d'un chevalier avant la joute.

10 Bien armé ▶
Ayant pris en main sa masse d'armes, redoutable contre les armures, Le chevalier est maintenant habillé de pied en cap et peut monter sur son cheval de guerre.

Bavière

Casque

Masse

8 Le menton ▲
Il est protégé par une bavière qui recouvre tout le bas du visage ; indispensable surtout quand on porte le casque allemand, ouvert, appelé « salade » (p. 13).

Éperon

◀ 9 Éperons et casque
On boucle les éperons à molette autour des solerets du chevalier. Le casque est intérieurement doublé pour amortir les coups. Une jugulaire en cuir empêche qu'il ne tombe pendant le combat.

La revanche des hommes à pied

Les chevaliers n'avaient que mépris pour ceux qui combattaient à pied.
Et pourtant, l'infanterie fut très vite capable de décimer une charge
de cavalerie et de faire basculer le sort de la bataille. En 1302,
à Courtrai, les fantassins flamands firent reculer les chevaliers
français. Pendant la guerre de Cent Ans, les archers anglais
brisèrent la chevalerie française à Crécy (1346) puis à Azincourt
(1415). Dès son invention au XIIe siècle, l'arbalète se révéla
terriblement efficace pour décimer hommes et chevaux ;
les piques, ces armes redoutables montées sur un long
manche, eurent également leur heure de gloire
pendant la guerre de Bourgogne (1476-1477).
Plus meurtrières encore étaient
les armes à feu utilisées
au XVe siècle par les hussites
de Bohême, en Europe centrale,
contre les chevaliers allemands.

▼ Le grand arc
Fait d'un morceau d'if de la
taille de l'archer, il avait des
coches en corne pour faire
passer à ses deux extrémités
le chanvre de la corde d'arc.
Certains, très puissants,
nécessitaient une traction
de 36 kg.

Fer de flèche
barbelé, ou
barbillon

Frondeur ▶
Des fantassins légèrement armés
utilisaient des frondes. Leurs
projectiles étaient mortels s'ils
arrivaient en pleine figure,
et des groupes de frondeurs
parvenaient à empêcher
des assiégés de se montrer
aux créneaux. Cependant,
même fixée au bout d'un
manche pour augmenter
sa puissance, la fronde
ne pouvait endommager
des armures.

Protège-bras en cuir

Bois d'if

Encoche en corne
pour fixer la corde

Flèches plantées devant
soi pour tir rapide

◀ Les archers
Les arcs étaient utilisés dans tous les pays
européens, mais on leur préférait parfois l'arbalète.
L'armée anglaise employait un grand nombre
d'archers dont le rôle fut déterminant pendant
la guerre de Cent Ans. En bandant son arc,
bras tendu, l'archer amène la corde au niveau
de la joue. Une garniture de cuir protège les bras
et les doigts contre le frottement de la corde.
Les archers pouvaient porter des pièces
d'armure, mais le plus souvent des vêtements
molletonnés comme celui-ci.

▲ Une haie infranchissable
Les chevaliers redoutaient de pousser leurs chevaux
contre les haies d'épieux formées par des fantassins
en rangs serrés. Il fallait briser ces formations
en envoyant des projectiles, ce dont se chargeaient
les archers. La pique, plus longue que l'épieu,
était encore plus redoutable.

▲ Au champ de tir

La force requise pour bander un grand arc ainsi que la précision du tir nécessitaient un entraînement constant. Ces archers anglais du XIVe siècle s'entraînent au champ de tir sur des cibles fichées sur des buttes de terre.

▲ De la plume d'oie

Encoche dans le fût

Plume d'oie

Ligature de l'empenne

L'empenne en plume prolonge le vol de la flèche. Il est généralement en plume d'oie. Le fût de la flèche est souvent en bois de frêne, entaillé à l'extrémité pour y glisser la corde au moment du tir.

Combat à distance ▶

Passadoux

Les grands arcs pouvaient atteindre une cible à plus de 300 m. Les archers freinaient l'avance de l'ennemi en tirant de loin des pluies de flèches.

Les chevaux, peu protégés, étaient les plus vulnérables et devenaient ingouvernables. À 90 m une flèche pouvait même percer une cotte de mailles.

Fragment de fût

Fer à usage multiple

Passadoux

Passadoux

Fer large

Barbillon

▲ Fers de flèches

Leur forme dépend de l'usage que l'on veut en faire. Les pointes effilées servaient à percer les armures; les barbillons, munis de barbelures, étaient utilisés à la chasse ou à la guerre. D'autres ne répondaient à aucun usage précis.

Targe, ou bouclier de poing

Flèche passée dans la ceinture

▲ Archer gallois

Les Anglais affrontèrent les archers gallois au XIIe siècle et depuis s'en servirent dans leurs propres armées. Sur ce dessin naïf l'arc n'est pas en proportion, et on suppose que le pied nu permet un meilleur appui.

Genouillère et plates pour protéger les jambes

▲ Arc contre arbalète

Un bon archer tirait douze flèches à la minute. Un arbalétrier ne lançait que deux carreaux dans le même temps, mais ceux-ci avaient une force de pénétration bien supérieure et nécessitaient moins d'effort physique de la part du tireur. Sur cette illustration du XVe siècle, l'arbalétrier remonte le bras de son arme avec une manivelle.

◀ Le bon œil

Chaque archer portait une gerbe de vingt-quatre flèches. Quand elles étaient tirées, il se réapprovisionnait dans un chariot. Les archers passaient souvent les flèches dans leur ceinture plutôt que de les mettre dans un carquois. En position de tir ils les disposaient devant eux, fichées en terre pour avoir une cadence de tir plus rapide.

31

Impitoyables batailles

Le code d'honneur de la chevalerie imposait la courtoisie envers les vaincus, pour protéger les hommes mais aussi dans un but lucratif, car un prisonnier de haut rang représentait une forte rançon. Mais cette règle ne fut pas toujours appliquée et l'histoire comporte de sombres épisodes, comme à Azincourt (1415) où les chevaliers français prisonniers furent massacrés sur ordre des barons anglais. Quant aux fantassins, le nombre de leurs morts figure rarement dans le bilan des affrontements. Les batailles rangées, qui rassemblaient des milliers d'hommes, répondaient à des enjeux énormes : gagner un territoire, voire un trône ! Mais la guerre médiévale est aussi une suite sans fin d'escarmouches, d'embuscades et de querelles entre seigneurs voisins.

▲ Rois guerriers
Chefs de guerre avant tout, les rois et comtes du Moyen Age se faisaient représenter à cheval et en armure sur leurs sceaux. On voit ici Henri Ier (1100-1135), roi d'Angleterre et duc de Normandie, portant une cotte de mailles et un heaume conique.

Pied à terre ▶
Bien qu'entraînés à combattre à cheval, les chevaliers mettent parfois pied à terre. Lorsque la tactique l'impose, ils se regroupent en formation serrée, couverts par des archers et quelques cavaliers. On voit sur cette peinture du XIVe siècle des chevaliers français et anglais combattant à pied aux côtés d'archers et d'arbalétriers pour s'emparer d'un pont.

Chausse-trapes ▶
Ces petits objets n'ont que quelques centimètres de haut. Quelle que soit leur position, ils gardent toujours une pointe en l'air qui vient se ficher dans le pied des hommes et des chevaux, arrêtant net une charge de cavalerie. On en semait sur le parcours des cavaliers ennemis, aux abords des forteresses.

▲ Fuite et poursuite
Cette scène du milieu du XIIIe siècle représente une bataille au moment où l'une des armées en présence bat en retraite en fuyant, poursuivie par les forces adverses. Souvent, les poursuivants n'hésitaient pas à frapper les fuyards dans le dos et une fois un homme à terre, on lui assénait encore plusieurs coups pour s'assurer qu'il y resterait. Mais sortir du rang pour donner la chasse à l'ennemi se faisait parfois au détriment du déroulement stratégique de la bataille.

Mur de chevaux ▲

Au XIIᵉ siècle les armures étaient
similaires un peu partout en Europe ;
il n'en était pas de même pour
les méthodes de combat. Certains
se servaient de leur lance comme d'un
javelot, d'autres la tenaient
par-dessus le bras. Sur ce haut-relief
italien, les lances sont pointées
à l'arrêt sous le bras dans
une charge serrée.

▲ Dans la mêlée

Ce dessin du XVᵉ siècle montre le sort peu enviable
des chevaliers, même quand ils portent une armure,
dans une charge entre deux cavaleries. Ceux que les lances
adverses ont touchés et désarçonnés sont voués
à être piétinés par les chevaux ennemis,
ou ceux de leurs propres compagnons.

▲ Butin

Les villes ou les châteaux conquis étaient voués au pillage
comme l'illustre cette scène italienne du XIVᵉ siècle,
où l'on voit le butin s'empiler devant le vainqueur. Les armures
et les armes des chevaliers morts ou prisonniers constituaient
aussi des prises de guerre très appréciées.

▼ Attention au choc

Cette gravure sur bois du XVIᵉ siècle représente
une formation de chevaliers allemands chargeant
en rangs serrés. Le mouvement des lances que l'on
abaisse juste avant de heurter l'ennemi
est parfaitement suggéré.

Une pointe est
toujours dressée...

... tandis que les trois
autres sont au sol.

La vie de château

Le château est aussi l'habitation du seigneur et de son entourage, la « mesnie », comme disent les textes du Moyen Âge. La grande salle en est le cœur : c'est là que tous mangent, jouent, vivent et, parfois, dorment. Mais peut-être le seigneur a-t-il sa chambre privée ? Le château possède en outre une cuisine – souvent extérieure à cause des risques d'incendie –, une chapelle, des étuves pour le bain, des écuries et des magasins remplis de réserves. Indispensable en cas de siège, le puits est situé dans la cour. Si les murs, à l'extérieur, sont souvent blanchis à la chaux, à l'intérieur, ils sont ornés de peintures vives et de tapisseries qui isolent du froid. Les sols sont jonchés de paille ou d'herbe fraîche en guise de tapis. Les rois et les riches seigneurs possèdent plusieurs châteaux qu'ils visitent régulièrement, épuisant les réserves de l'un avant de se rendre dans un autre.

▲ Chant et danse
La musique et le chant tiennent une grande place dans la vie noble et accompagnent souvent les repas. On dansait des virelais, rondeaux et caroles en se tenant par les mains.

Blason

▲ Candélabre mural
Seuls les riches pouvaient s'éclairer avec des bougies de cire disposées dans des candélabre ouvragés. Cet exemple français du XVIe siècle est en cuivre doré. Le blason de la famille de Castelnau La Loubère y figure, entouré par le collier de l'ordre de Saint-Michel.

▲ Burette en argent
Ce pot en argent contenait des huiles saintes utilisées pendant certains services religieux. Il fut fabriqué en Bourgogne à la fin du XIVe siècle.

▲ À la table du seigneur
Toute la maisonnée se retrouvait dans la grande salle pour les repas. Sur ce manuscrit datant de 1316 environ, Lancelot distrait le roi Arthur en lui racontant ses aventures.

Décor en émail de Limoges

▲ S'éclairer
Ce type de chandelier, dit « à broche », possède une longue pointe pour y piquer la bougie. Celui-ci, de 1230, servait probablement dans une chapelle.

▲ Jeu d'échecs
Sur ce tableau des années 1500, François Ier joue aux échecs avec Marguerite d'Angoulême. Jeu guerrier, les échecs étaient très en vogue chez les chevaliers. Les pièces étaient joliment sculptées dans de l'os ou de l'ivoire.

Se chauffer ▶
Les murs de pierre étant épais, on pouvait y construire de larges cheminées. Ici, la dame est en train de filer de la laine.

Gaine en cuir peint et ciselé

Cuvette ▶

On se servait d'une paire de cuvettes comme celle-ci appelée «gémellion», pour permettre aux hôtes de se laver les mains à table. Un serviteur faisait couler l'eau, d'une cuvette dans l'autre, sur les mains. Quelquefois on faisait couler l'eau à partir d'une aiguière. Ce gémellion est décoré d'émaux de Limoges.

Un chevalier s'agenouille devant sa dame.

Musicien

▲ Découper les viandes

Avec cette paire de couteaux à large lame (Allemagne, xve siècle) on servait la nourriture. Les manches en laiton sont incrustés de petits panneaux de bois de cerf et d'acajou. Sur chaque lame est gravée une ancienne croix gammée. L'étui est incomplet.

Se divertir ▶

Les jeux aidaient à passer les longues soirées. Ici un jeune homme joue aux dames avec... une noble dame. Le trictrac était aussi populaire au xive siècle.

Pot de chambre ▶

Certains utilisaient des pots de chambre, mais les châteaux possédaient des toilettes, ou latrines, construites dans l'épaisseur des murs ou surplombant les murs. Elles se composaient d'un siège et d'un conduit d'évacuation vers l'extérieur.

◀ Poids en bronze ▶

Les poids en acier de la fin du xiie siècle (à gauche) étaient utilisés sur des balances romaines à fléau. Le poids de droite, en bronze, est postérieur à 1405 et porte les armes royales d'Angleterre de cette époque.

Poids de balance

Blason royal

Du bonheur d'être châtelain

Bien des chevaliers ne possédaient ni terre ni château. Jusqu'au XIIIᵉ siècle, un grand nombre d'entre eux vivaient aux frais de leur seigneur comme gardes dans son château. D'autres vendaient leurs services comme mercenaires. Les plus chanceux, qui recevaient un fief et une demeure fortifiée, pouvaient vivre du produit de leur domaine sur lequel travaillaient des paysans et des artisans de toutes conditions. En échange de leur maison et de leur lopin de terre, ceux-ci devaient au châtelain un certain nombre de services et de corvées régis par la coutume locale. Lorsqu'il disposait du droit de ban, le seigneur exigeait une taxe, ou banalité, pour l'usage du moulin, du pressoir, du four, etc. Il prélevait sa part sur les rendements agricoles et avait droit de justice à l'intérieur de son domaine. L'Église aussi réclamait son dû sur les récoltes : le dixième des revenus ou dîme.

▲ Défense de la maison
Cette maison fortifiée anglaise est constituée d'une grande salle et d'une suite de chambres, le tout encadré par deux tours. Elle date de la fin du XIIIᵉ siècle. La galerie à colombage est un rajout du XVIIᵉ siècle.

Matrice

◄ Le sceau ▲
Les nobles ne savaient pas toujours lire ou écrire et, pour signer un document, ils avaient recours à un sceau en cire. Ci-dessus, la matrice et une copie du sceau de Robert Fitz Walter, l'un des barons rebelles au roi d'Angleterre Jean sans Terre.

Reproduction actuelle

Nom de Robert Fitz Walter, possesseur du sceau

▲ Le goût du jeu
Ce couple italien du XIVᵉ siècle semble absorbé par un jeu de dames. La poésie, la musique, les distractions offertes par les comédiens constituaient aussi d'agréables passe-temps.

▼ Jeu d'éche[c]
Ces pièces scandinave[s] trouvées dans l'île de Lew[is] (Écosse), ont été taillées dan[s] de l'ivoire de morse, vers 115[0]

Reine

Roi

Evêque (le fou moderne)

Cavalier

Gardien (tour)

Dur labeur ▶
Labourer, semer, moissonner : le travail de la terre exigeait beaucoup de peine pour peu de rendement. Cette scène du psautier de Luttrel (XIV e s.) illustre fort bien le dur travail des paysans.

◀ Le châtelain
Le statut et le rang du seigneur variaient en fonction de l'importance de ses terres. Certains puissants personnages possédaient plusieurs domaines qu'ils visitaient de temps à autre. Ils utilisaient alors les services d'un intendant qui gérait les affaires en leur absence. Souvent avides et cruels, les intendants étaient détestés par les paysans.

▲ Un coin de paradis
Sur cette peinture du XV e siècle, l'une des maisons constituant cette demeure seigneuriale est blanchie à la chaux et présente une armature de pans de bois, ou colombage, remplie de torchis (mélange de boue et de paille). À côté: un verger verdoyant.

Tel père, tel fils... aîné ▲▶
Ces détails, tirés du frontispice d'un autel datant de 1500 environ, représentent un chevalier en prière avec ses sept fils. L'aîné deviendra chevalier comme son père, et héritera du domaine ; l'aînée des filles épousera un noble. Les plus jeunes feront carrière dans l'armée ou dans l'Église.

▲ Coffret décoré
Ce petit coffre du XV e siècle appartenait à une famille riche. Il est orné de panneaux en os illustrant l'épisode biblique de «Suzanne et les vieillards».

Le rôle de la dame ▶
La dame avait la haute main sur l'ensemble de la vie domestique et de l'intendance. Sachant lire et compter elle contrôlait les dépenses et vérifiait les registres du régisseur. Son rôle était aussi d'accueillir les visiteurs. Elle avait ses propres servantes, quelques dames de compagnie, et des nourrices pour ses enfants car sa première mission était de donner naissance à une belle lignée de fils.

Ces dames du château...

Au Moyen Âge, les femmes nobles occupaient une place non négligeable même si elles ne disposaient pas des mêmes droits qu'aujourd'hui. Elles étaient souvent mariées dès l'âge de quinze ans en fonction d'un accord prévu de longue date entre les deux familles. L'époux avait la jouissance des biens de sa femme, mais non pas la pleine propriété qu'elle gardait et transmettait à ses enfants. Dans la vie privée, elle était l'égale de son époux et participait à la gestion de la maison et du domaine. En l'absence du maître, elle prenait toutes les affaires en main, signait les chartes, rendait la justice et défendait son château assiégé.

▲ Le jardin des délices
Cette illustration tardive du *Roman de la rose*, écrit au XIIIe siècle, représente l'idéal de la vie courtoise : une élégante compagnie de jeunes dames reçoit l'hommage de quelques chevaliers dans un verger où coule une fontaine. Sans doute la réalité était-elle bien différente!

Le cygne blanc ▶
Connue sous le nom de « cygne de Dunstable », cette broche en or émaillé date du XVe siècle. C'était l'insigne d'une grande famille anglaise, la maison de Lancaster, à laquelle étaient liés les princes de Galles. Les femmes nobles portaient cette broche en signe d'allégeance.

▲ Dames instruites
Certaines connaissaient le latin et parlaient des langues étrangères. Dans cette scène des années 1460, des dames, livre à la main, représentent la philosophie et les sept arts libéraux (grammaire, dialectique, rhétorique, arithmétique, musique, géométrie et astronomie).

▲ Les liens du mariage
On voit ici une femme s'évanouir en apprenant la mort de son mari. Des sentiments profonds pouvaient unir les époux même si l'intérêt des deux familles primait sur les raisons du cœur.

Broche flamande en or

◀ L'or et les joyaux
Les gens du Moyen Age aimaient la parure, et le port des bijoux était une manière de montrer son rang. La broche flamande, du XVe siècle, est ornée d'une tête de femme surmontant des pierres précieuses. Sur l'autre, anglaise et du XIVe siècle, apparaissent des monstres lovés.

Broche anglaise en or

▲ Le savoir-faire féminin
Sur ce tableau du début du XVe siècle, une dame file tandis que l'autre carde la laine. Expertes en travaux manuels, elles savaient aussi lire et écrire et parfois se montraient plus savantes que les hommes.

◀ Courtoisement
Comme un vassal prêtant serment d'allégeance à son seigneur, ce chevalier s'agenouille devant sa dame, place ses mains dans les siennes et jure qu'il sera son serviteur. Cette scène date du début du XIIIe siècle.

Pommeau

rous/troussequin

▲ En amazone
Les dames participaient activement à certaines chasses, comme celle-ci qui porte un faucon sur le poing. Ici, elle monte en amazone pour ne pas être gênée par sa longue robe ; son cheval est drapé dans un caparaçon.

▲ Histoire sur selle
Cette selle allemande date du milieu du XVe siècle ; elle est en bois recouvert de plaques gravées en bois de cerf. Un homme et une femme y sont représentés plusieurs fois et parlent de leur amour. Leurs paroles s'affichent sur des banderoles, et la femme s'interroge : « Et qu'arrivera-t-il si la guerre s'arrête ? »

Plaque gravée

L'amour courtois : l'idéal des chevaliers

Au tournoi comme à la guerre, un chevalier se montrait courtois envers son adversaire. À partir du XIIᵉ siècle cette attitude évolue vers un code de conduite chevaleresque qui exige une attention particulière envers les dames. Les romans de chevalerie et les poèmes d'amour courtois chantés par les troubadours développent cette image idéale du chevalier.

À la même époque, l'adoubement devient une véritable cérémonie religieuse qui comporte la veillée de prières et le bain purificateur. Béni par le prêtre et nourri de littérature, le chevalier sait désormais se tenir à la cour où il veut briller auprès des dames par le récit de ses exploits guerriers et par sa bonne éducation.

Georges et le dragon ▶
La légende fait de saint Georges un martyr chrétien sacrifié par les Romains. Né d'un mythe selon lequel il aurait sauvé une princesse des griffes du dragon, son culte s'épanouit au Moyen Age ; il devint le symbole de la chevalerie. Cet ivoire, du XIVᵉ siècle, représente saint Georges écrasant le dragon au pied d'un château.

Chevalier en armure ▶
Ce bouclier de tournoi du XVᵉ siècle représente un chevalier agenouillé devant sa dame. Sur la banderole figure la devise «Toi ou la Mort», cette dernière étant symbolisée par un squelette.

◀ Les nœuds de l'amour
Les familles nobles faisaient graver des médaillons en souvenir des cérémonies importantes. Celui-ci fut frappé à l'occasion d'un mariage dans une illustre maison savoyarde. Les nœuds qui y figurent sont les armes de la Savoie : ils symbolisent aussi l'union de deux familles.

« Le cœur d'amour épris » ▶
Tirée du livre Le Cœur d'amour épris écrit par René d'Anjou, au XVᵉ siècle, cette scène illustre le monde merveilleux du roman médiéval, où les personnages incarnent des sentiments. Ici le chevalier «Cœur» lit une inscription, tandis que son compagnon «Désir» se repose.

▲ Lancelot et Guenièvre

Arthur fut un roi guerrier celte du Ve siècle. Mais c'est à partir du XIIe siècle que s'épanouit la légende du roi et des chevaliers de la Table Ronde. Elle raconte leurs combats contre le Malin, et l'amour du chevalier Lancelot pour Guenièvre, l'épouse du roi Arthur. L'illustration ci-dessus montre Lancelot traversant une rivière sur son épée pour sauver Guenièvre.

▲ Le chevalier à la charrette

Les chevaliers allaient à cheval. Selon la coutume, on faisait monter sur une charrette tout homme condamné à mort ou au déshonneur : il était alors mis au ban de la chevalerie. Ce dessin illustre un épisode de la vie de Lancelot où il rencontre un lutin qui se propose de lui dire où se trouve Guenièvre, à condition qu'il monte dans une charrette.

Champion royal ▶

Sir Edward Dymoke était le champion de la reine Élisabeth Ire d'Angleterre. Pendant le banquet qui suivit son couronnement, il parcourut, armé de pied en cap, la salle du festin, prêt à jeter un défi à quiconque eût douté de la légitimité de la reine. Cette coutume s'est maintenue en Angleterre jusqu'au couronnement de George IV en 1821.

Serrure   Cornière de renfort

▲ Les amants tragiques

Les gravures de cette boîte en ivoire du XIIe siècle racontent la légende de Tristan et d'Yseult. C'est l'histoire du chevalier Tristan qui boit sans le savoir un philtre et tombe amoureux de la femme de son oncle, le roi Mark.

Quand les chevaliers entrent en lice

Le tournoi est d'abord une forme d'entraînement militaire : dans un grand pré se déroule une bataille simulée où se mêlent cavaliers et fantassins. Tel est le tournoi au XIᵉ siècle lorsqu'il apparaît en France avant de se développer dans toute l'Europe : c'est une pratique des armes, mais aussi un jeu qui n'est pas sans danger puisque les armes « courtoises », à la pointe émoussée, n'y figurent point avant la fin du XIIᵉ siècle. Un bon combattant pouvait y faire fortune, car les vaincus y perdaient leur cheval et leur armure. Afin de limiter les effusions de sang, on inventa de nombreuses règles et variantes comme les joutes et les combats à pied. Dans le « pas d'armes », très prisé au XVᵉ siècle, le chevalier qui occupait la lice relevait le défi contre tout venant. Au XVIIᵉ siècle, les tournois furent remplacés par des démonstrations équestres moins dangereuses, les carrousels.

Crête torsadée

◀ Un aigle sur le front
Au XVIᵉ siècle, la mode est aux visières fantaisistes, voire symboliques, que l'on fixait sur les casques pour les défilés précédant les tournois : ici, une tête d'aigle dont les plumes sont gravées dans le métal.

Bec d'aigle

Trou de ventilation

◀ Bannières au vent
Le déploiement coloré des bannières, lors des tournois, était pour chacun l'occasion idéale d'exposer ses armes familiales. Les casques de parade étaient également ornés de vastes cimiers que l'on ôtait pour le combat.

▲ Un chevalier en disgrâce
Il revenait aux dames de passer en revue les bannières et les casques des concurrents avant le tournoi. Si l'un d'eux était jugé indigne, on retirait son casque et il ne pouvait pas entrer en lice. Ce dessin vient du *Livre des tournois* de René d'Anjou, datant du XVᵉ siècle.

Diable

Le diable l'emporte ! ▶
L'Église et les princes s'opposèrent, en vain, à l'essor des tournois, très populaires, où coulait inutilement tant de sang. Dans cette peinture du XIVᵉ siècle, des diables attendent l'âme des chevaliers morts au tournoi.

◄ À la masse d'armes

Le combat à la masse d'armes était assez rare. Deux équipes munies de masses en bois mais aussi d'épées émoussées devaient faire tomber les cimiers de l'adversaire. Pour parer les coups, les visages sont protégés par des grilles faciales. Chaque chevalier a son porte-bannière et son escorte d'écuyers. Au centre, le héraut s'apprête à donner le signal du tournoi et deux valets, au premier plan, vont couper les cordes. Dans les tribunes sont assis les juges-diseurs et les dames.

Trou pour passer la hampe

Décor gravé et doré

Porte-plumet

Masque en métal repoussé

Rondelle

▲ ▼ Une poignée de fer

Ces éléments appartiennent à une armure italienne de 1570. La garde circulaire ci-dessus se fixait sur la lance pour protéger le poing. Le gantelet (ou miton) ci-dessous se verrouillait lorsque le chevalier avait saisi son épée, de telle sorte que son arme ne pouvait lui glisser de la main.

▲ Casque de parade

Ce casque ouvert, italien, était porté durant les défilés vers 1535. Le décor en métal repoussé représente un masque doté d'une rangée de dents. Il se peut qu'il y eût une mâchoire inférieure. Les oreilles montées sur charnière ont disparu.

Couvre-nuque

Miton autobloquant

En combat singulier

Vue

Parmi les nombreux combats que proposent les tournois, la joute est, dès son origine au XIIe siècle, l'un des plus appréciés. Il s'agit d'un duel à cheval où chaque combattant peut faire valoir son adresse et ses qualités de cavalier. À partir du XIVe siècle, la joute est soumise à des règles précises : armé d'une lance émoussée, plus rarement d'une épée, chaque jouteur s'élance vers l'autre dans le but de le désarçonner ou de lui ôter son casque. À l'excitation du jeu d'adresse s'ajoutait le danger car, souvent, les lances se brisaient en éclats acérés. La joute dite « à outrance » se pratiquait avec des armes de guerre mais nombre de chevaliers préféraient la joute « à plaisance », moins meurtrière. La pointe de la lance était alors garnie d'une sorte de fleuron, qui élargissait le point d'impact. Les concurrents étaient séparés par une barrière longitudinale pour éviter les collisions.

▲ Heaume à tête de crapaud
Le casque utilisé pendant les joutes en temps de paix au XVe siècle se fermait par-derrière. Pour voir son adversaire, il fallait se pencher en avant pendant la charge. Au moment de l'impact, on se redressait pour que le bord inférieur de la visière, en forme de bouche de crapaud, protège les yeux de la pointe de la lance.

▲ Jouteurs allemands
Dans les pays germaniques, les chevaliers pratiquaient une version de la joute à outrance sans barrière centrale. Les combattants portaient de fortes plaques de protection sur les cuisses, le casque comportant aussi des plaques de renfort.

Échancrure

▲ La targe
C'est un petit bouclier de joute. Celui-ci, recouvert de cuir, date de la fin du XVe siècle. L'échancrure sur le côté servait à reposer la lance en position basse. La targe était attachée au plastron de l'armure par un crampon.

◄ Rompre sa lance
Les lances étaient montées sur une hampe. Au XVIe siècle, les hampes de joute sont cannelées afin de se briser plus facilement. Celle-ci, du XVIIe siècle, était utilisée dans un jeu d'adresse appelé « course à la dague » : il fallait la glisser dans un anneau suspendu à une potence.

◄ Parade avant la joute
Les chevaliers défilent le long de la barrière centrale avant le début des joutes, des écuyers les accompagnent en portant des lances de rechange. Cette scène tirée des *Chroniques de Froissart* date de la fin du XVe siècle, bien qu'elle représente les joutes de Saint-Engelbert qui eurent lieu en 1390.

◀ L'armure de joute

Souvent, les armures étaient fournies avec un certain nombre de pièces de renfort que l'on fixait en fonction du combat à livrer. Les pièces qui figurent ici proviennent d'une armure allemande de 1550 utilisée pour des joutes à plaisance dites «à la mode italienne». Ces protections complémentaires sont surtout destinées au côté gauche du corps directement exposé au coup de lance de l'adversaire. La joute exigeant peu d'agilité, mais provoquant des chocs d'une rare violence, les pièces de renfort sont très épaisses et plus lourdes que celles des armures de guerre. Le chevalier ainsi vêtu ressemblait à un char d'assaut. Heureusement que la joute était de courte durée !

Bavière de renfort

La grande-garde renforce l'épaule gauche du cavalier.

Boulon fixant la grande-garde au plastron de guerre porté en dessous

La passe-garde (ou renfort du bras gauche) est fixée sur la cubitière.

Tige en saillie qui reçoit la lance

L'arrêt-de-lance ▲
appelé aussi «faucre», est fixé au plastron par des crampons. Il allège le poids de la lance et l'empêche de glisser vers l'aisselle au moment du choc.

Main de fer (ou renfort du gantelet) dotée d'une plaque articulée pour la protection des doigts

Des courroies permettent d'attacher des tassettes de renfort sur le côté gauche qui est le plus exposé.

Tassette de renfort

▲ La joute aquatique

Très tôt la joute fut pratiquée sur l'eau, comme le montre cette miniature du début du XIVᵉ siècle. Les chevaux sont remplacés par des bateaux à rames. À chaque proue, un jouteur s'apprête à renverser l'autre.

▲ Joute à l'ancienne mode

La palissade, ou barrière, qui divise la lice, apparaît rarement avant le XVᵉ siècle. Les cavaliers allemands représentés ci-dessus sont armés de lances émoussées, dites «lances courtoises», qui prennent appui dans l'échancrure du bouclier et sont garnies de gardes à rondelles.

45

Les jouteurs mis à pied

Dans certaines joutes du XIIIe siècle, les chevaliers, après avoir brisé leur lance, mettaient pied à terre pour continuer à l'épée et, dès le XVe siècle, on vit le combat à pied gagner en popularité. Les adversaires frappaient tour à tour et ne disposaient que d'un certain nombre de coups. À l'extérieur des lices, des hommes en armes se tenaient prêts à les séparer si nécessaire. Les textes du XVe siècle révèlent que les protagonistes commençaient généralement par lancer le javelot avant de saisir l'épée, puis la hache, la pique ou autre arme d'hast. Plus tard, ce combat singulier fut remplacé par une forme de tournoi à pied qui opposait deux équipes séparées par une barrière. Le but était aussi de briser sa lance sur la partie adverse et de poursuivre à l'épée.

◄ Prêts ?
Ce détail d'une tapisserie flamande du XVIe siècle représente des combattants attendant le début du tournoi. Un page tend son casque à l'un deux.

Traces de coups d'épée

Visière

Tro pour le lacets de courroie intérieure

Mentonnière

▲ Armet
Cet armet spécialement conçu pour le combat à pied est si richement décoré que l'on a pu douter de son utilisation. Mais il porte des traces de coups d'épée et fait partie d'une armure complète décorée avec la même magnificence.

Combat en règle ▲
Au XVe siècle, la plupart des combats à pied se faisaient sans barrière. Ils nécessitaient donc des règles précises et le port d'armures pour protéger les jambes. Le casque le plus utilisé était le bassinet qui disparut de l'armement de guerre vers le milieu du siècle.

Vis filetée à la main

▲ Timbre de renfort
Cette plaque se vissait sur la visière de l'armet ci-contre et venait renforcer la partie gauche du front, la plus exposée aux coups.

Métal épais pour une protection renforcée

Point de fixation et d'articulation de la visière

Couvre-nuque

Une solide salade ▲
Les casques pour les combats à pied devaient pouvoir résister à des coups violents portés directement par un adversaire très proche, c'est pourquoi le métal utilisé était plus épais que pour les casques de cavalier. Cette salade du XVIe siècle avait une visière qui se fermait à l'aide d'un loquet. Un dispositif maintenait la visière relevée si le combattant le désirait. En effet, la visière abaissée ne laissait qu'un champ de vision limité.

Fente pour les yeux, ou vue

◄ Visière de rechange
Sur ce casque, il suffisait de desserrer deux vis pour en changer la visière et la remplacer par celle-ci qui a plus de trous de ventilation. Le choix de l'une ou de l'autre dépendait du type de combat à livrer.

Bouton de levage

Duels judiciaires ►
Certains combats à pied étaient de vraies luttes à mort où l'on s'en remettait à Dieu pour désigner l'innocent en la personne du vainqueur. Ils avaient lieu lorsque la justice humaine se révélait impuissante. À la suite du combat, le vaincu était exécuté s'il n'était déjà mort.

◄ Hache d'armes
Cette arme, très appréciée pour les combats à pied,
servait à frapper l'adversaire à la tête. La partie gauche
est en fait un vrai marteau qui pouvait venir à bout d'une armure.
Les longues brides le long du manche empêchaient que
ce dernier ne soit coupé pendant le combat.
Cet exemplaire date de 1470.

◄ Armure pour le combat à pied
Cette armure allemande, des environs
de 1580, fait partie d'un ensemble
de pièces que l'on pouvait associer
selon le combat pratiqué.
Le métal, « recuit au bleu » pour
la résistance et l'élasticité, a été
ensuite gravé et doré puis le dessin
rehaussé de noir. La ventaille
et la visière ont une fermeture
de sécurité contre les chocs,
précaution indispensable pour
les combats pédestres. Il n'y a pas
de protection pour les jambes
car la partie inférieure du corps
était protégée par la barrière,
et les coups bas étaient interdits.

Plaque servant à dévier
les coups latéraux

Épaulière

Bride d'acier

Rondelle
pour
protéger
la main

Gantelet

La barrière ▶
Sur cette ébauche de la
fin du XVIe siècle apparaît
la barrière qui sépare les
combattants. Ici, chacun
d'entre eux a en main
une lance émoussée.

D'or au pal
de gueules

D'azur
au château d'or

De sable à la
croix d'or ondée

Losangé d'argent
et de gueules

De sinople
au croissant d'or

D'azur à la fleur
de lys d'or

De gueules
à l'éperon
d'argent

Ainsi parlaient les blasons

De tout temps, les guerriers ont orné leur bouclier, porté des signes de ralliement pendant les batailles. Au XIIᵉ siècle, ces ornements deviennent un langage codé permettant d'identifier un combattant par ses armoiries. Grâce aux écus et aux blasons, il est possible de reconnaître le chevalier enfermé dans son armure comme dans une carapace de fer. Mais les tournois ont bien davantage contribué à la naissance de l'héraldique avec son langage précis et ses règles strictes : un chevalier n'a qu'un blason qu'il transmet à son fils aîné, les puînés usant alors de variantes. Pour décrire les armoiries, il existe des termes spécifiques, issus du vieux français, qui utilisent des noms de métaux, d'émaux et de fourrures.

▲ Symbole de fonction
Cet insigne de bras en cuivre appartenait à un membre de la suite de François de Lorraine, grand prieur des Hospitaliers de France de 1549 à 1563, dont il porte les armoiries.

▲ Dessin de tissu
La fleur de lys royale française figure sur le dessin de cette tunique, bien que les règles héraldiques interdisent de placer de l'or sur de l'argent. L'hermine de la doublure est aussi un symbole héraldique.

▲ Parchemin armorié
Les hérauts conservaient sur des parchemins les armoiries des participants à des tournois ou batailles. Le parchemin de Carlisle (Angleterre) porte les blasons des 277 chevaliers de la suite d'Édouard III qui y tournoyèrent en 1334.

▲ Pichet armorié
Toutes sortes d'objets étaient ornés d'armoiries qui apportaient un élément décoratif tout en indiquant le possesseur. Ce pichet, datant des environs de 1500, porte un blason écartelé où figurent deux fois les armes d'une même famille.

◀ Bouclier de chevalier
Ce bouclier authentique, rare et précieux, datant du XIIIᵉ siècle, est en bois recouvert de cuir estampé d'un lion rampant. Ce sont les armes du landgrave de Hesse en Allemagne. Ce seigneur était en outre chevalier teutonique, comme l'indique la croix noire sur l'écusson blanc situé en bas à gauche, entre les pattes postérieures du lion.

Lion rampant

Pour le plaisir des yeux ▶

Sur ce tableau du XVe siècle, les blasons des chevaliers sont alignés le long du bateau pour l'effet décoratif. Les bannières ornées d'armoiries étaient des points de ralliement pendant les batailles, tout comme les oriflammes et autres enseignes. Ici les armes royales de France apparaissent sur les étendards des trompettes.

Armes de Cosme de Médicis

Les armes de Médicis ▶

Cette courte épée italienne (ou fauchon) porte les armes de Cosme de Médicis, premier grand-duc de Toscane. Le blason est entouré du collier de l'ordre de la Toison d'or, l'un des nombreux ordres de chevalerie.

Pommeau en bronze doré coulé en forme de tête de lion

Faire impression ▶

Cette large bague en or est un sceau datant du XIVe siècle et son chaton gravé porte les armoiries de la famille de Grailly. En haut on lit « EID Gre », c'est-à-dire probablement : « Seci est le sceau de Jean de Grailly ». La gravure est faite à l'envers pour apparaître à l'endroit quand on la presse sur la cire chaude.

De gueules au lion rampant d'or

D'or au lion pourpre siégeant à senestre

De gueules au cygne d'argent

D'azur au dauphin nageant d'argent

D'or au dragon rampant de sinople

D'or à la herse de pourpre

▲ Cotte d'armes

Cette statue en cuivre de sir Thomas Blennerhasset fait apparaître ses armoiries sur son surcot ou cotte d'armes. Le modèle montré ici, appelé « tabard », est celui des hérauts de l'époque.

▲ Plat espagnol

Le blason du royaume espagnol de Castille représente un château, et celui de León, un lion. Ce premier exemple d'écu écartelé (divisé en 4 quartiers) date de 1272. Repris sur ce plat espagnol de 1425, il est entouré de motifs arabes et ne représente pas les couleurs héraldiques traditionnelles.

Petit dictionnaire

Or	Jaune
Argent	Blanc
De gueules	Rouge
Azur	Bleu
Sable	Noir
Sinople	Vert
Purpure	Pourpre

D'azur au soleil rayonnant d'or

Les chasses du seigneur

Les rois et les seigneurs du Moyen Âge étaient passionnés par la chasse qui constituait un entraînement à la guerre tout en fournissant de la viande fraîche à une époque où l'élevage était peu développé. Les maîtres de la terre réservaient pour leurs chasses de vastes étendues de forêts, et malheur à ceux que l'on surprenait à braconner! Les animaux nobles – cerfs, daims, sangliers – étaient ceux que l'on suivait à courre, tandis que les petites gens se contentaient du gibier à plumes et des lapins pris à la glu ou au collet. Parfois le seigneur organisait avec les paysans une battue au loup ou au sanglier. L'animal était alors rabattu vers des chasseurs à l'affût, puis tiré à l'arc ou à l'arbalète et achevé à l'épieu. Originaire d'Orient et introduite en Europe vers le VIᵉ siècle, la chasse au vol était réservée à la noblesse, car un faucon bien dressé valait une fortune.

◀ Dressage
Pour dresser un faucon, on fait tournoyer un leurre au bout d'une longue corde, ce qui l'attire et permet au fauconnier de récupérer son oiseau. On s'en sert aussi pour apprendre à l'oiseau à s'élever et à fondre sur sa proie.

Bêtes nobles ▶
Sur ce fragment d'arbrier d'une arbalète est gravée une chasse au cerf. Seuls les nobles avaient le droit de courir cet animal.

Goupille en acier pour fixer la crémaillère permettant d'armer l'arbalète

Arbrier en bois incrusté de bois de cerf poli et d'ivoire

▲ Plumes de bois
Ces carreaux d'arbalète allemande datent de 1470. L'un d'eux a une empenne en bois et non pas en plumes comme il était d'usage.

Empennes en bois

◀ Chasse au loup
Pour la chasse au loup, on cachait des morceaux de viande dans un hallier après les avoir traînés par terre pour laisser une piste odorante. Des vigiles perchés dans les arbres annonçaient l'arrivée de la bête, ce qui donnait le signal pour lâcher les chiens. C'est ce que représente cette image tirée du *Livre de chasse* de Gaston Phébus.

▲ Un illustre fauconnier
Certains seigneurs allaient jusqu'à garder leur faucon dans leur propre maison, et l'empereur d'Allemagne Frédéric II était si passionné de fauconnerie qu'il écrivit sur le sujet un traité, d'où est tirée cette image.

▼ Chasse au cerf
Cette épée de chasse allemande, de 1540, est gravée d'une scène de chasse au cerf. De telles épées servaient à la chasse et à la protection courante.

Cerf rabattu vers des filets

Chiens pourchassant un cerf

Cor de chasse

Homme tirant
un écureuil

Fauconnier

▲ À la chasse
Cette plaque allemande ou flamande de 1600 environ, en argent, représente
une chasse avec chiens, faucon et armes à feu. Un chien attrape un lièvre
devant trois dames qui assistent au spectacle depuis leur voiture.

◀ L'arbalète de chasse
Adoptée pour la chasse au début du XIVe siècle,
l'arbalète était utilisée à pied comme à cheval.
On la réarmait au moyen d'un pied-de-chèvre
(croc à 2 branches), d'un tour (poulie)
ou d'une manivelle actionnant un cric.
La corde étant retenue dans l'encoche
de la noix, on pouvait armer l'arbalète
à l'avance sans être surpris par
le gibier. Certaines étaient décorées
avec raffinement, comme celle-ci
datant de la période 1450-1470,
dont l'arbrier porte les armes
de son propriétaire ainsi que
des gravures illustrant
des scènes de chasse.

Corde originale
d'arbalète faite
de ficelle tressée

Noix relâchée
par la gâchette

Fer triangulaire
à barbelure

Entretien de la meute ▶
Les chiens de chasse
exigeaient des soins
constants. Gaston
Phébus recommande
d'utiliser des herbes
médicinales pour
leurs différentes
maladies. Il fallait
aussi soigner les
pattes gonflées par
les piqûres d'épine,
remettre les épaules
démises et réduire
les fractures.

▼ Le sanglier
Un sanglier qui charge est
un animal dangereux et ses
défenses peuvent devenir des
armes redoutables. L'épieu que l'on
employait pour sa chasse devait être
très solide, capable d'arrêter cet animal
et même un ours. On munissait la lame
d'une traverse pour qu'elle n'entre pas
trop profondément dans l'animal.

◀ Sus à l'animal !
Les dames ne se
contentaient pas toujours
de la chasse au vol.
Sur cette illustration des
environs de 1340, on voit
une dame sonnant le cor
et courant aux chiens.

De l'épée du chevalier au bâton de pèlerin

Au Moyen Âge, l'ensemble de l'Europe est catholique et l'église joue un grand rôle dans la vie de chacun, de la naissance à la mort. Dès le règne de Charlemagne, et plus encore à l'époque romane (XIᵉ-XIIᵉ siècle), fleurissent abbayes et monastères, fondés par les monarques ou les puissants seigneurs qui les entretiennent par de multiples donations en rémission de leurs péchés. Et il n'est pas rare de voir un seigneur devenir moine, après avoir guerroyé toute sa vie, dans l'espoir de gagner son salut. C'est le même repentir qui pousse au pèlerinage vers Saint-Pierre de Rome, Saint-Jacques-de-Compostelle ou Jérusalem, là où sont conservées les précieuses reliques qui guérissent et protègent.

▲ **Heureux propriétaire**
Ce médaillon représente Charles le Téméraire, duc de Bourgogne et propriétaire de la trompe de saint Hubert.

Flacon d'eau bénite

▲ **Récipient à eau**
Pour se protéger du diable, les gens portaient de petites ampoules remplies d'eau bénite. Sur celle-ci figure saint Thomas Becket, assassiné à Canterbury en 1170 ; elle a probablement été achetée lors d'un pèlerinage.

Insigne de pèlerinage : sainte Catherine sur une roue

▲ **Chevalier en prière**
Les saints jouaient un rôle important dans la vie religieuse médiévale. Ce vitrail hollandais représente un chevalier de la maison Bernericourt priant devant une statue de Marie Madeleine.

◀ **Calice en argent**
On utilise un calice pendant la messe pour y mettre le vin consacré. Celui-ci, du début du XVIᵉ siècle, est finement décoré, montrant ainsi la richesse de l'Église. Il porte six médaillons représentant le Christ et des saints dont saint Jacques de Compostelle. Les pèlerins qui allaient à Compostelle portaient comme insigne une coquille Saint-Jacques.

Tête de saint

Sceau en plomb où figurent la Vierge et l'enfant Jésus

◀ **Le signe de croix**
Les gens portaient des insignes pour montrer qu'ils avaient fait tel ou tel pèlerinage. La croix est l'un des plus courants avec l'effigie de la Vierge et des saints. Les chevaliers l'arboraient volontiers à la garde de leur épée.

▼ La trompe de saint-Hubert
Au Moyen Age, les gens aimaient toucher ou même posséder des reliques de saints, ce qui donnait lieu à des trafics de fausses reliques. On dit que saint Hubert vit une croix briller entre les bois d'un cerf ; c'est ainsi qu'il devint le saint patron des chasseurs.

Pélican, symbole de piété

Saint Jean

La Vierge Marie

Le Christ crucifié

Être pèlerin ▶
Les pèlerins du Moyen Age visitaient Rome ou Compostelle, mais le but suprême était Jérusalem, où le Christ a été crucifié. Ceux qui avaient accompli ce voyage long et périlleux étaient appelés « paumiers » et portaient en signe distinctif une feuille de palmier.

Saint Nicolas

◀ Convertir à tout prix
L'Église du Moyen Age est une Église militante. Elle s'est donné pour but d'évangéliser de gré ou de force les peuples qui ne partagent pas sa foi. L'ordre des chevaliers teutoniques d'Europe orientale s'inscrit dans cet état d'esprit. On voit ici le frère Oderic recevoir une bénédiction avant de s'engager comme missionnaire. L'évangélisation fait aussi partie du programme des grands voyages de découverte.

◀ *Les contes de Canterbury* ▶
Ce livre, écrit vers 1380 par Geoffrey Chaucer, met en scène un groupe de pèlerins en route vers le tombeau de Thomas Becket à Canterbury : un chevalier, son fils et un écuyer se joignent à eux et tous racontent des histoires en chemin pour passer le temps.

Geoffrey Chaucer

Le chevalier des *Contes*

◀ Croix de procession
Cette croix italienne du XVᵉ siècle est en argent partiellement doré, avec des médaillons en émail. On y reconnaît la Vierge Marie, saint Jean, saint Nicolas et, tout en haut, un pélican, symbole de piété, car on lui attribuait le fait d'avoir donné son propre cœur à ses petits, à l'image du Christ mort pour nos péchés.

▲ La croisade des pauvres

L'appel de Clermont avait suscité un immense élan de ferveur. Sous la conduite du prédicateur Pierre l'Ermite, des milliers de gens sans armes ni argent se mirent en route pour Jérusalem. L'expédition, mal organisée, était vouée à l'échec : elle fut écrasée par les Turcs en Anatolie (actuelle Turquie).

▲ Croisés espagnols

Les musulmans, appelés Maures, vécurent en Espagne dès le VIIIe siècle. Les armées chrétiennes commencèrent à les repousser vers le sud à partir du XIe siècle. Leur dernière place forte, Grenade, tomba en 1492. Les chrétiens furent aidés dans leur entreprise par les moines guerriers de l'ordre de Santiago.

▲ La voie maritime

D'Europe, il y avait deux routes pour aller en terre sainte : la route terrestre, très dangereuse, et la traversée de la Méditerranée. Les bateaux furent souvent fournis par les cités-Etats de Venise, Pise et Gênes, soucieuses de s'ouvrir de nouvelles voies commerciales. Elles incitèrent les chefs de la quatrième croisade à attaquer Constantinople.

La noblesse part en croisade

Pendant le concile de Clermont, en 1095, le pape Urbain II appela tous les chevaliers chrétiens à aller reprendre les lieux saints de Jérusalem qui venaient de tomber aux mains des Turcs. Ce fut la première croisade. Une immense armée conduite par des chevaliers de France se réunit à Constantinople, après avoir traversé l'Europe à pied, et reprit Jérusalem en 1099. L'Occident chrétien s'enthousiasma pour cette victoire qui fut de courte durée puisque la Ville sainte fut reconquise peu après par les Turcs qui n'en délogèrent plus, hormis en 1228-1229 lors d'une trêve.

Les états de terre sainte eurent plus longue vie : les chefs croisés s'installèrent sur les territoires conquis et y instaurèrent une culture brillante inspirée du système féodal où se mêlaient des apports orientaux. En 1291, la chute de Saint-Jean-d'Acre amorça le déclin de la présence occidentale en Orient mais l'esprit de croisade n'était pas mort : il se poursuivit en Espagne contre les Maures, puis au XVIe siècle contre les Turcs ottomans et contre tous les mouvements «hérétiques» que connut alors l'Europe.

— Frise de couronnes

◄ Le prestige du roi Richard

Les églises médiévales étaient parfois ornées de céramiques historiées. Celle-ci provient de l'abbaye de Chertsey (Angleterre). On y voit Richard Cœur de Lion, roi d'Angleterre, duc d'Aquitaine et de Normandie, qui fut l'un des chefs de la troisième croisade (1190).

Cavalier mameluk

Inscription arabe

Les mameluks ►

Corps d'élite des armées turco-égyptiennes, les mameluks étaient recrutés parmi les esclaves. Un cavalier mameluk lourdement armé est représenté sur ce vase en bronze du XIIIe ou XIVe siècle. Il porte une armure composée de pièces de métal lacées ensemble et brandit le sabre courbe typique de l'armement musulman.

▲ Un sarrasin
Les Sarrasins, montés sur des chevaux rapides, se servaient avec adresse de leur arc à contre-courbe. Ils portaient la cotte de mailles, plus rarement des pièces d'armure. Leur bouclier était rond, et leur sabre court, appelé cimeterre, était très redouté.

▲ Guerrier turc
Ce plat italien orné d'un cavalier turc date d'environ 1520. Les croisades s'achevèrent au début du XIVe siècle et la grande cité fortifiée de Constantinople (aujourd'hui Istanbul), qui se tenait entre la Turquie et l'Europe, continuait de défier l'Occident, bien qu'elle ne se fût jamais totalement remise du pillage chrétien de la 4e croisade en 1204. En 1453, elle tomba finalement aux mains du sultan ottoman Soliman le Magnifique et depuis, elle n'a cessé de faire partie de la Turquie.

▲ Combat pour la foi
Ce tableau du milieu du XIIIe siècle représente la bataille entre chrétiens et musulmans au siège de Damiette, à l'embouchure du Nil. L'artiste a habillé les musulmans, à droite, comme les chrétiens.

Places fortes de terre sainte ▶
Comme chez eux, les croisés en terre sainte construisirent des châteaux en pierre s'inspirant néanmoins de l'architecture locale. Le plus bel exemple en est le Krak des chevaliers, construit en Syrie par l'ordre des Hospitaliers au XIIe siècle.

▲ Le chevalier aux jambes croisées
Ce gisant sculpté à la fin du XIIIe siècle est celui du chevalier anglais sir John Holcombe qui mourut de ses blessures lors de la deuxième croisade (1147-1149). On a pensé que la position des jambes indiquait une influence orientale mais il s'agit plutôt d'un parti pris du sculpteur.

Les moines soldats

Dès 1050, un hospice fut fondé à Jérusalem pour soigner et héberger les pèlerins. Au début du XIIe siècle, les moines bénédictins qui le desservaient créèrent l'ordre autonome des hospitaliers de Saint-Jean de Jérusalem. Parmi eux, des frères chevaliers s'engagèrent dans la lutte contre les musulmans. À la même époque naquit un autre ordre guerrier, les templiers, qui assuraient la sécurité des convois de pèlerins. Enrichis par le flux incessant des donations, ils devinrent vite les banquiers des croisades. Lorsque la chute de Saint-Jean-d'Acre (1291) eut chassé les chrétiens de terre sainte, les templiers, trop puissants, perdirent le soutien des souverains, et l'ordre fut dispersé en 1312. Les hospitaliers continuèrent leur lutte en Méditerranée. Quant à l'ordre militaire des chevaliers teutoniques, fondé à Jérusalem en 1198, il entreprit la conversion des Slaves d'Europe orientale.

Position originale du bec verseur

◄ Majolique
Tel est le nom de cette poterie vernissée à fond blanc selon un procédé découvert au XVe siècle par les artisans de Majorque. Les hospitaliers s'en servaient comme cruche médicinale car, malgré leur vocation guerrière, leur mission première restait les soins aux malades.

▲ L'hôpital
Les hospitaliers, ou chevaliers de Saint-Jean, se fixèrent à Malte. Cette gravure de 1586 représente certains d'entre eux au chevet des malades dans leur hôpital à La Valette.

▲ Mortier en bronze
Ce mortier servait à broyer les ingrédients pour préparer des médicaments.

Les templiers au bûcher ▶

Après la conquête des Lieux saints par les chrétiens, les templiers devinrent puissants. Le roi Philippe IV le Bel fit brûler leur grand maître, Jacques de Molay, en 1314, pour s'approprier leurs richesses, et le pape interdit l'ordre dans toute l'Europe.

La persistance de l'esprit de croisade ▶

Après la chute des États chrétiens de la terre sainte, les hospitaliers se retranchèrent à Chypre, puis, en 1310, à Rhodes où ils durent affronter les musulmans. Leur persévérance dans la lutte leur permit d'échapper au sort des templiers, bien que leurs richesses eussent été comparables.

▲ Le sceau du grand maître

Chaque ordre avait à sa tête un grand maître. Ce sceau est celui de Raymond de Bérenger, grand maître des hospitaliers de 1363 à 1374.

Croix de procession ▶

Fabriquée au début du XVIe siècle, cette croix est en chêne recouvert d'argent. Dans chaque médaillon figure un des quatre évangélistes. Elle appartint à Pierre Decluys, grand prieur des hospitaliers de France de 1522 à 1535, dont les armes figurent aux pieds du Christ. Tous les ordres militaires avaient des commanderies ou des prieurés chargés de fournir argent et recrues.

▲ Le service de Dieu

Comme tout ordre monastique, les moines-guerriers étaient soumis à des règles strictes : les hospitaliers suivaient la règle de saint Benoît, tandis que les templiers étaient affiliés aux cisterciens de saint Bernard. Ils devaient lire la Bible et assister aux offices. Des bréviaires tels que celui-ci contenaient les prières de chaque jour.

◀ Chevalier du temple

Les templiers portaient une cotte blanche frappée d'une croix rouge. Cette fresque du XIIe siècle se trouve dans l'église des Templiers, dans le village français de Cressac, en Charente.

◀ Un ordre exigeant

Pour être chevalier de Saint-Jean, il fallait savoir se battre et accepter les exigences de la vie monacale: renoncer aux biens, au monde et aux plaisirs. Nombreux étaient les appelés qui prononcèrent leurs vœux sur ce missel du XVe siècle provenant de Rhodes.

◀ Bouteille d'eau

Dans la chaleur méditerranéenne des routes de pèlerinage vers la terre sainte, il faisait bon avoir une bouteille d'eau, comme celle-ci, qui porte la croix de l'ordre de Saint-Jean. Elle est en métal et date de 1500.

Les chevaliers du soleil levant

Comme dans l'Europe médiévale, il existait au Japon une société hiérarchisée qui fonctionnait à l'égal de notre système féodal. La caste guerrière était constituée par les samouraïs, combattants à cheval au service des grands seigneurs qui les récompensaient en les dotant de terres. Depuis fort longtemps, le Japon était gouverné par un empereur, mais, après 1180-1185, le pouvoir réel passe dans les mains d'un généralissime, le shogun. À partir de 1550, le pays se trouve divisé en plusieurs royaumes. En 1543, l'arrivée des Portugais, qui introduisent les armes à feu, donne naissance aux premières armées professionnelles. La date de 1615 marque la dernière bataille livrée par les samouraïs.

▲ Casque et protection faciale
Les casques, comme celui-ci, du XVIIe siècle, portent souvent des moustaches. Le cou est protégé par des plates d'acier laquées et nouées par des rubans de soie. Dans le climat humide du Japon, la laque protège de la rouille.

▲ Le samouraï et ses armes
Le samouraï attachait beaucoup de prix à ses sabres. Ce dessin imprimé du XIXe siècle représente l'un deux brandissant le sabre long tandis que le court est passé dans sa ceinture, le tranchant vers le haut, prêt à frapper dès qu'il sort du fourreau.

▲ Combat de samouraïs
Ces deux samouraïs se battent à pied, ce qui devient de plus en plus fréquent à partir du XIVe siècle. Cette évolution vers le combat au sabre courbe entraîna aussi une modification de l'armure pour permettre une très grande agilité.

Première armure ▲
Cette copie d'armure du XIIe siècle, réalisée au XIXe siècle, est celle d'une grande armure du style o-yoroi. Les samouraïs qui la portaient étaient principalement des archers à cheval. La pièce principale est une plate attachée sur la poitrine, sur laquelle viennent se nouer, avec de la soie ou du cuir, une multitude de petites plaques laquées.

Tranchant
en acier trempé

▲ Les deux sabr
Le samouraï portait une paire
sabres ou *daisho* : le sabre long, *katana*, lo
dans un fourreau en bois, *saya*, et le sabre co
wakizashi, passé dans la ceinture. La fusée, *tsuka*, du sabre lo
est couverte de peau de requin pour éviter que la main ne glis
et la garde, *tsuba*, est une simple rondelle de cuivre ; à l'autre extrém
de la fusée apparaît la calotte de pommeau, *kash*

Maître et serviteur ▼

Sur cette petite boîte laquée, on voit un serviteur agenouillé devant un samouraï. Les guerriers, comme les chevaliers européens, avaient besoin de personnes pour s'occuper de leur équipement. Un samouraï avait droit de vie et de mort sur ses serviteurs et les fermiers qui travaillaient sur ses terres.

Armure moderne ▶

Pour résister aux balles de fusil, on modifia les armures à partir du XVIe siècle. Ci-contre un *tosei gusoku* du XIXe siècle. Une cuirasse, *do*, protège la poitrine ; des épaulières, *sode*, et des protège-bras, *kote*, lui sont attachés. Sur chaque jambe on retrouve la grève, *suneate*, et le cuissard, *haidate*. Le casque, *kabuto*, muni d'une protection faciale, *mempo*, est surmonté de cornes de buffle ornementales.

▲ L'art de l'escrime

Sur cette peinture de Kunisada (XIXe siècle), un samouraï prend des cours d'escrime auprès de petites créatures appelées *Tengi*. Les sabres japonais étaient des armes de taille, coupantes comme des rasoirs, et un bon escrimeur devait connaître parfaitement un certain nombre de mouvements qui demandaient un long apprentissage.

Poignée en peau de requin

Témoignage ▶

Sur cette photo du XIXe siècle figure un samouraï vêtu de son armure. À la place des petites plaques lacées des anciennes armures, on voit ici de larges plates solides recouvertes d'un surcot, *jinbaori*. En plus de ses sabres, il porte un arc de bambou et de divers bois collés, le tout lié avec du rotin. Sur son casque : des cornes ornementales.

Les mercenaires font parler la poudre

Dans le feu de la bataille, les escadrons de cavaliers, même lourdement armés, ne parvenaient pas à percer les rangs serrés d'une infanterie bien disciplinée. Vers 1500, les fantassins prirent donc une place prépondérante dans les armées, au détriment de la cavalerie. Dès le siècle précédent, en Allemagne, les lansquenets, ou fantassins armés, étaient passés maîtres dans l'art de manier la pique et l'arquebuse, tout comme leurs voisins, les Suisses. Cette évolution technique allait de pair avec une transformation profonde du recrutement : le service militaire féodal était peu à peu remplacé par une aide financière qui servait à payer des soldats de métier, renforcés le cas échéant par des contingents de mercenaires. Ainsi, les chevaliers cessaient progressivement d'être les maîtres de la guerre...

Le métal veut se faire velours ▶
À la fin du xvᵉ siècle, les Suisses et les Allemands adoptent des armures de plus en plus voyantes avec manches bouffantes et « crevés » (fentes dans le tissu laissant apparaître une doublure de couleur différente). Sur cette armure allemande de 1520 les crevés sont dorés et les intervalles gravés à la manière du velours.

Visière à soufflet

Poignée recouverte de bois et de cuir

Garde

Intervalle recouvert de cuir

Fausse garde

Tranchant ondé

▲ L'apparition de la poudre
Les fantassins suisses de la fin du xvᵉ siècle employaient l'arquebuse à mèche et le canon monté sur roues. Ils combattaient aux côtés des célèbres piquiers, qui formaient la base de l'armée suisse depuis longtemps.

◀ L'épée évolue
Les épées de ce type étaient très utiles pour couper le haut des piques ennemies. Au-dessus de la garde, une partie de la lame est recouverte de cuir pour qu'on puisse tenir l'épée d'une seule main. La poignée, très longue, permet une préhension à deux mains. Il s'agit ici d'une épée de cérémonie de 1600.

Bandes métalliques protégeant l'intérieur du coude

Protection en mailles

Décor du métal imitant des crevés

◀ Caprice de la mode
Ce lansquenet allemand des années 1520 porte une armure incomplète avec une gorgerette en mailles pour protéger le cou et une culotte bouffante à « crevés ». Il est armé d'une épée à deux mains et d'une autre, plus courte.

En noir et blanc ▶

Les fantassins qui en avaient les moyens s'achetaient des demi-armures, généralement la partie supérieure pour rendre la marche plus facile. Il en allait de même pour la cavalerie légère. Le casque ouvert, appelé « bourguignotte » (p. 14), laissait bien passer l'air. Sur cette armure de 1540, l'effet est obtenu par des peintures noires et blanches qui étaient aussi une protection contre la rouille.

Hallebarde ▶

La hallebarde est une arme d'hast pour fantassins, caractérisée par son fer asymétrique à multi-usage : taillader, piquer, désarçonner un cavalier, blesser un cheval... Cet exemple allemand date des années 1500.

Garde-joue de bourguignotte

▲ Piquier

Ce lansquenet du XVIe siècle est vêtu d'une armure suivant la mode de cette époque. Il porte l'épée au côté et tient en main une pique. Son casque est surmonté d'un plumet.

Gantelet

◀ Arbalète allemande

L'arc de cette arbalète de 1540 est un mélange d'osier et d'os recouvert de parchemin. Un de ses carreaux bien ajusté pouvait transpercer une armure. En raison de son système de réarmement semi-automatique, l'arbalète exigeait moins de force physique que le grand arc anglais.

Étrier en acier

Attache en corde et cuir tressés

Tassette

Corde tressée

◀ Batterie de canons

Un artilleur abaisse ici un boutefeu vers la lumière d'un canon. Cette gravure sur bois de 1520 environ représente des fûts de canons décorés avec art. L'artillerie révolutionna l'art de la guerre en contribuant au déclin de la chevalerie et des châteaux forts.

Chevaliers pour mémoire

Vint le temps où les chevaliers préférèrent vivre sur leurs terres en laissant à d'autres le soin de guerroyer. Au XVIIIe siècle, la guerre appartient désormais aux soldats de métier, fantassins et mercenaires d'origine modeste. Les chevaliers y figurent encore, le plus souvent comme officiers à cheval, mais la cavalerie n'est plus l'élite des armées. Être chevalier devient alors un titre honorifique que le roi donne à ceux qu'il veut récompenser. À mesure que la chevalerie perd sa présence réelle, son image idéale se renforce, entretenue par des mythes héroïques tels que celui du roi Arthur. Au XIXe siècle, les écrivains romantiques, passionnés de ruines médiévales et de combats épiques, sauront à leur tour faire revivre la mémoire de la chevalerie.

◄ Le déclin des armes blanches
Supplantées par les armes à feu portatives, les armes blanches disparurent peu à peu des champs de bataille, mais figurèrent longtemps encore dans les parades et les processions, comme cette pertuisane (sorte de hallebarde) allemande de 1690.

▲ L'évolution de l'armure
Cette armure italienne présente un décor exceptionnellement riche, comparée aux autres exemples du XVIIe siècle. Les progrès de l'artillerie ont entraîné une évolution des armures : les plaques sont plus épaisses, donc plus lourdes, mais l'augmentation de poids est compensée par la disparition des jambières que remplacent des bottes en cuir. Les derniers chevaliers ainsi armés furent appelés des cuirassiers.

Longue tassette

Genouillère amovible

Crosse

La calotte de crosse pouvait servir de massue.

L'ancien et le nouveau ▶

Cette gravure de 1632 montre comment un cuirassier armé d'une lance pouvait être arrêté par un fantassin armé d'un mousquet. Noter le pistolet d'arçon suspendu à la selle du cheval.

▼ Recharger

Pendant longtemps, les armes à feu furent très longues à recharger : ce mousquetaire du XVIIe siècle verse la poudre dans le canon de son arme avant d'y mettre le feu.

Le chien contient une pierre qui produit une étincelle.

▲ Manteau de peau

Les cavaliers légers découvrirent qu'un simple pourpoint de cuir épais était beaucoup plus confortable et aussi efficace qu'une armure pour se protéger des coups d'épée. On le portait avec ou sans plastron d'acier dont on testait la solidité en tirant un coup de pistolet dessus.

▲ Don Quichotte

L'Espagnol Miguel de Cervantes écrivit son roman *Don Quichotte* vers 1590. Un vieux chevalier y livre des combats fous contre des moulins à vent qu'il prend pour des géants et traite comme une dame la jeune paysanne dont il est amoureux. L'auteur exprime ainsi sa nostalgie de l'idéal chevaleresque qui s'éteint.

Écouvillon

▲ Pistolet à platine

Une meilleure qualité de poudre et un nombre croissant d'arquebuses, puis de mousquets et de pistolets à rouet, telle est l'évolution de l'armement qui entraîne la fin des chevaliers. Dès le XVIe siècle les chevau-légers portaient deux pistoles à platine, comme cet exemple allemand de 1590 à crosse d'ébène marquetée.

Clé à cylindre

Tournevis

Œilleton d'accrochage

Le feu ux poudres

tte clé allemande de 1620 permettait
remonter un ressort sur la platine. Une fois
âché par la détente, il entraînait la rotation
une roue dentée qui frottait contre une pierre
produisait des étincelles qui allumaient
poudre.

Boîte à cartouches du XVIe siècle s'attachait à la ceinture.

◀ La récompense du vainqueur

À la fois humble et valeureux, le chevalier agenouillé reçoit ici la couronne de la récompense. Ce dessin illustre l'esprit romantique du XIXe siècle où l'on découvrait le prestige des armures et les légendes du roi Arthur.

Le saviez-vous ?

Des informations passionnantes

L'expression « monter sur ses grands chevaux » signifie le prendre de haut. Cette expression date du Moyen Âge, époque à laquelle les chevaliers faisaient la guerre avec de puissants chevaux appelés destriers ; hors du champ de bataille, ils chevauchaient de beaux coursiers. Les gens du peuple allaient à pied, à dos d'âne ou de mulet.

Le trébuchet était une machine servant à lancer des pierres pour abattre les murs de la place forte assiégée. Parfois étaient projetés des objets fort déplaisants : têtes tranchées des assiégés, excréments ou animaux morts, susceptibles de propager des maladies.

Cheval de combat appelé destrier

Chevalier en selle

Les escaliers à vis étaient courants dans les châteaux moyenâgeux. Ils tournaient généralement dans le sens des aiguilles d'une montre. Ainsi, la tâche de l'assaillant était compliquée, car, lorsque celui-ci combattait en gravissant les marches, son arme (tenue dans sa main droite) heurtait constamment l'axe central des escaliers.

L'armure des samouraïs se composait de plaques en fer liées avec de la soie ou du cuir. Le Japon étant un pays humide, ces plaques étaient laquées, afin de les préserver de la rouille.

L'insigne des Templiers figurait deux chevaliers chevauchant un même cheval. Il symbolisait ainsi leur état de pauvreté originel.

Krak des chevaliers

L'ordre des Templiers tient son nom du fait qu'il était établi à proximité de l'ancien Temple juif, à Jérusalem.

Le roi Richard Ier, dit Cœur de Lion, régna sur l'Angleterre, la Normandie et l'Aquitaine de 1189 à 1199 et fut à de nombreux égards un chevalier modèle quoique sanguinaire. Combattant héroïque, il se montra attaché à l'idéal de la chevalerie. Sur son lit de mort, il aurait même pardonné à l'arbalétrier qui l'avait mortellement blessé de sa flèche.

Le krak des chevaliers, en Syrie, est un château fort construit par les croisés au XIIe siècle. Des hospitaliers (moines soldats) défendaient les voies de pèlerinage des environs contre les chefs musulmans de la région. Le krak possédait un moulin à vent pour moudre le grain, un aqueduc et neuf réservoirs pour son approvisionnement en eau. Le krak a été endommagé en 2013 par la guerre civile syrienne.

En 1212, en France et en Allemagne, des milliers de paysans se regroupent pour aller en Terre sainte. Ils n'atteindront jamais leur but et se disperseront avant de prendre la mer. Cet épisode est appelé la croisade des enfants.

Lors d'un siège, les assiégés se défendaient en lançant à la tête de leurs assaillants de l'eau bouillante, du sable brûlant, des pierres ou de la chaux vive. Mais l'huile bouillante des films et des bandes dessinées est rarement mentionnée dans les chroniques anciennes : l'huile était rare et chère !

Bras en bois pivotant

Poche de la fronde

Les échelles permettaient d'escalader les murailles de la ville.

Trébuchet

Siège de Jérusalem par les croisés en 1099

Questions/Réponses

Que signifie le terme chevalerie ?

Le mot chevalier apparut au XIIe siècle pour désigner simplement un combattant à cheval. La chevalerie signifiait alors l'ensemble des guerriers nobles, la classe sociale dont étaient issus les chevaliers. Puis le terme chevalerie s'appliqua aussi aux qualités idéales propres à un chevalier, comme la courtoisie, la bravoure et l'honneur.

Les tournois étaient-ils dangereux ?

Le tournoi fut d'abord une bataille simulée destinée à l'entraînement des chevaliers qui pouvaient y montrer leur bravoure et leur habileté sous l'œil admiratif des dames. Comme les armes ne furent pas tout de suite «courtoises» (émoussées), il n'était pas sans danger.
Pour preuve, au cours d'un tournoi, à Cologne, en Allemagne, plus de 60 chevaliers furent tués.

Qu'arrivait-il aux chevaliers vaincus ?

Lorsqu'un chevalier en battait un autre au cours d'un combat, il ne le tuait pas nécessairement. En effet, le vaincu avait parfois plus de valeur vivant que mort, si sa famille pouvait payer une rançon en échange de sa liberté. Le prisonnier restait alors à la merci du vainqueur jusqu'au versement de la somme exigée !

Y a-t-il encore des chevaliers aujourd'hui ?

Les chevaliers vêtus d'armure n'existent plus que dans les musées, mais il existe encore des ordres dits de chevalerie dans certains pays. Au Royaume-Uni, le titre de chevalier (sir) est accordé à un sujet britannique par le souverain en récompense d'un grand service rendu à son pays, de même en France, les autorités politiques peuvent récompenser quelqu'un en le faisant chevalier de la légion d'honneur.

Scène de tournoi médiéval

Quel est le plus ancien château fort en France ?

Le plus ancien château de pierre conservé en France est celui de Langeais (Indre-et-Loire) construit en 994 ou 1017 sous l'autorité du puissant comte d'Anjou Foulques III Nerra. Celui de Doué-la-Fontaine (Maine-et-Loire) comporte des vestiges non fortifiés de l'époque carolingienne : au tout début du Xe siècle, il appartenait au comte Robert d'Angers qui allait devenir roi de France. Ces deux édifices ont été renforcés vers 1100 : on a doublé l'épaisseur des murs, posé des contreforts et placé la porte au premier étage.

Qu'est-ce que les croisades ?

Les croisades sont des expéditions militaires, souhaitées par le pape pour occuper les chevaliers et menées par les royaumes chrétiens d'Europe pour «délivrer» les Lieux saints de Palestine et assurer la protection des pèlerins chrétiens. Cette région était alors musulmane. La plupart des huit principales croisades échouèrent. Elles commencèrent en 1095 et finirent en 1270. C'est lors de la dernière que le roi de France Saint Louis mourut de la peste sous les murs de Tunis.

Quelques records

 La plus longue chevauchée en armure
Dick Brown effectua la plus longue chevauchée en armure, soit 335 km. Il quitta Édimbourg le 10 juin 1989 et parvint à Dumfries quatre jours plus tard. Son aventure dura exactement 35 heures et 25 minutes.

 Le combat des trente
En 1350, suite à un défi, trente chevaliers français décidèrent d'affronter trente chevaliers bretons et anglais pour faire parler d'eux dans les cours et les châteaux. À l'issue de la journée, la moitié d'entre eux gisaient sur le sol, mais leur bravoure est restée célèbre. Les Français furent victorieux.

Le roi le plus cher
Quand Richard Cœur de Lion fut capturé par le duc d'Autriche en 1192, ses vassaux d'Angleterre, de Normandie et d'Aquitaine durent rassembler une rançon de 150 000 marcs d'argent, une somme colossale, équivalant à plusieurs millions d'euros.

Un château en construction, scène extraite de la tapisserie de Bayeux

Quelques dates

Les premiers chevaliers étaient des guerriers à cheval qui combattaient pour leur seigneur et contrôlaient les populations alentour au sein d'une Europe du IXe siècle où régnait le désordre. Au XIe siècle, ces chevaliers en armure formaient une nouvelle classe sociale ; c'est alors qu'apparut une véritable tradition de l'honneur chevaleresque et de l'apparat. Au XVIe siècle, les chevaliers laissèrent le soin de guerroyer à des soldats de métier, armés de piques et d'arquebuses. Il exista également des chevaliers au Japon, et leur modèle essaima dans de nombreux autres pays.

Templier   Hospitalier

781-814 Charlemagne emploie des combattants à cheval

Charlemagne, roi des Francs, conquiert une grande partie de la France actuelle, de l'Allemagne, des Pays-Bas et de l'Italie en employant dans son armée de nombreux cavaliers. Ces guerriers recevaient une terre en récompense et paiement de leurs services.

800 Charlemagne est couronné empereur

Le jour de Noël de l'an 800, Charlemagne est couronné empereur d'Occident par le pape à Rome. Ses successeurs en Allemagne créent en 962 le Saint Empire romain germanique qui durera près de mille ans.

814 mort de Charlemagne

Après la mort de Charlemagne, son empire se divise. Le pouvoir glisse alors peu à peu entre les mains des seigneurs locaux qui possèdent armes et chevaux. Ils assurent la protection des paysans en échange de leur soumission. C'est la naissance du système féodal, qui va s'épanouir en Europe occidentale.

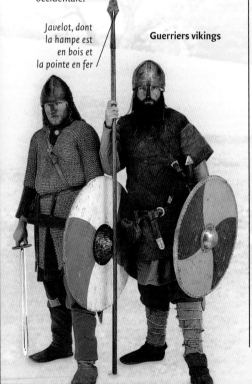

Javelot, dont la hampe est en bois et la pointe en fer

Guerriers vikings

Vers 850, les premiers châteaux

Les premiers châteaux, en terre et en bois, les mottes féodales, sont bâtis dans le nord-ouest de la France pour protéger les seigneurs de leurs ennemis et les défendre, avec leurs sujets, contre, notamment, les attaques des Vikings. Plus tard, les châteaux seront construits en pierre ou en brique.

911 fondation de la Normandie

Le roi de France Charles le Simple offre un territoire aux Vikings afin qu'ils cessent d'envahir son pays. Ce territoire sera appelée la Normandie, ou « pays des hommes du Nord ».

Vers l'an 1000 les chevaliers, une nouvelle classe

Une nouvelle classe sociale, celle des chevaliers fait son apparition en Europe occidentale. Ces chevaliers sont au service d'un seigneur qui leur cède peu à peu des terres où travaillent des paysans. Le revenu de la terre leur permet de vivre et payer le cheval et l'armure : un haubert de mailles vaut à lui seul plusieurs chevaux.

Vers l'an 1000 les écuyers

Les très jeunes hommes qui aspirent à la chevalerie entrent au service d'un chevalier en tant qu'écuyer. Au début, c'est un serviteur d'origine modeste. Par la suite, les écuyers seront de jeunes nobles.

Vers l'an 1000 les premiers tournois

Le tournoi est à l'origine une bataille simulée, dans un grand pré, où se mêlent cavaliers et fantassins. C'est une forme d'entraînement militaire.

1066 Les Normands débarquent en Angleterre

Le duc Guillaume de Normandie, prétendant au trône d'Angleterre, débarque dans ce pays, puis vainc et tue le roi Harold à la bataille d'Hastings. Devenu roi, Guillaume introduit le système féodal en Grande-Bretagne et y bâtit de nombreux châteaux de pierre.

1095 début des croisades

Le pape Urbain II appelle les chrétiens à prendre aux musulmans les Lieux saints de Jérusalem. Nombreux sont les chevaliers qui participent à cette première croisade, laquelle se conclut par une victoire (1099). Sept autres grandes croisades auront lieu pour déloger les Turcs qui ont repris Jérusalem, mais en vain. En 1291, la chute de Saint-Jean-d'Acre, en Palestine, sonnera le déclin de la présence occidentale en Orient.

1118 Fondation de l'ordre des Templiers à Jérusalem

Des chevaliers français en Terre sainte créent un ordre militaire et religieux, celui des chevaliers du Temple. D'autre part, des religieux et des chevaliers, voués au service des pèlerins et des malades, fondent l'ordre des Hospitaliers.

Haubert (longue tunique de mailles)

Chevalier normand

XIIe siècle Une meilleure protection

Le haubert (tunique de mailles) s'étend aux bras et aux jambes du chevalier.

XIIe siècle Le code de la chevalerie

Un code de l'honneur est adopté par l'ensemble des chevaliers. Il leur enjoint de se comporter avec courtoisie et loyauté envers leurs ennemis, et insiste sur une particulière élégance envers les dames.

XIIe siècle Naissance de l'héraldique

Les signes ornant les boucliers commencent à devenir un langage codé, l'héraldique, qui permet d'identifier un chevalier par ses armoiries.

XIIᵉ siècle Nouvelles machines de siège

Les trébuchets, engins de siège à contrepoids articulé et munis d'une fronde, font leur apparition en Europe occidentale. Ils complètent les armes existantes, tels les catapultes, les béliers et les balistes (énormes arbalètes de siège) utilisés lors des attaques de châteaux.

1185 Le shogun au Japon

La classe guerrière des chevaliers ou samouraïs obéit au shogun, un chef militaire qui s'empare du pouvoir réel, même si l'empereur reste le souverain officiel du Japon.

1189-1199 Richard Iᵉʳ

Richard Cœur de Lion, roi d'Angleterre, était considéré comme l'incarnation parfaite de l'idéal chevaleresque, bien qu'il fût un chef sanguinaire lors des croisades auxquelles il participa.

1190 Les chevaliers Teutoniques

Les croisés allemands fondent un ordre militaire et religieux, celui des chevaliers Teutoniques. Par la suite, ses membres se consacreront à la conquête de la Pologne et des régions baltes ainsi qu'à la conversion forcée au christianisme des populations de ces régions.

XIIIᵉ siècle L'époque des troubadours

En pays d'Oc (sud de la France), les troubadours et les ménestrels composent et chantent les poèmes d'amour courtois et les romans de chevalerie. Les légendes concernant le roi Arthur et les chevaliers de la Table ronde se propagent en Europe occidentale.

XIIIᵉ siècle Plus de chevaux

La plupart des chevaliers possèdent alors au moins deux destriers pour combattre, un coursier pour la chasse et les voyages, un cheval rapide pour les joutes, et un cheval de charge ou de somme pour porter leur bagage, ainsi qu'un palefroi pour les processions et cérémonies.

XIIIᵉ siècle Des tournois moins dangereux

Les armes « courtoises » (émoussées) sont désormais celles des tournois, afin de les rendre moins sanglants. Une nouvelle forme d'exercice guerrier, la joute, fait son apparition. Il s'agit d'un duel à cheval où deux combattants, armés d'une lance émoussée, s'élancent l'un contre l'autre dans le but de se désarçonner.

XIIIᵉ siècle Le coût de la chevalerie augmente

La cérémonie de l'adoubement devient si chère que de nombreux jeunes gens renoncent à devenir chevalier. Cela ne les empêche pas de mener une carrière militaire.

Vers 1280 L'épée évolue

L'épée d'estoc, à pointe acérée, devient la principale arme de combat des chevaliers. Bien mieux que l'épée à double tranchant, moins courante, elle perce les jointures des armures que portent désormais les combattants.

XIVᵉ siècle L'armure de plates

Les chevaliers ajoutent des plates métalliques à leur haubert de mailles, afin de protéger bras et jambes. Sous cette protection, ils portent le gambison, un vêtement matelassé.

XIVᵉ siècle L'apparition du canon

Le canon apparaît sur les champs de bataille et remplace les mangonneaux, les catapultes et autres machines de jet utilisées lors des sièges.

XIVᵉ siècle Les joutes à pied

Le combat à l'épée entre deux chevaliers à pied gagne en popularité dans les tournois. Les adversaires ont le droit de porter un nombre de coups déterminé. Vers 1400, ce type de combat prend une forme plus compliquée : outre l'épée, on emploie le javelot, la hache, la pique...

XIVᵉ siècle Fantassins contre chevaliers

En 1302, à Courtrai (Belgique actuelle), des fantassins flamands armés de massues font reculer les chevaliers français. En 1314, à Bannockburn, l'infanterie écossaise armée de piques arrête la charge de chevaliers anglais. Ces deux épisodes prouvent que les combattants à cheval ne sont pas, ou plus, invincibles.

Édouard, le Prince Noir, héros anglais de la bataille de Crécy et vainqueur à Poitiers

1337-1453 La guerre de Cent Ans

En 1337, Edouard III d'Angleterre revendique le trône de France et envahit le royaume. La guerre entre les deux nations se poursuivra, jusqu'à la victoire du roi de France, pendant plus d'un siècle, les archers anglais remportant les batailles de Crécy (1346), Poitiers (1356) et Azincourt (1415). Le code de l'honneur de la chevalerie ne fut pas souvent respecté au cours de cette guerre impitoyable.

XVᵉ siècle Une armure complète

Les chevaliers enferment leur corps dans une armure de plates, ou harnois. Certes, elles sont lourdes, donnent chaud et réduisent la liberté de mouvement, mais elles protègent tout le corps du cavalier.

1476-1477 France contre Bourgogne

La guerre de Bourgogne montre que les chevaliers reculent devant les fantassins armés de piques ou d'armes à feu. L'infanterie devient plus décisive que la cavalerie.

1494 La France envahit l'Italie

L'invasion du nord de l'Italie par la France en 1494 conduit à une longue lutte pour la suprématie en Europe, entre la France et l'empire des Habsbourg. Le conflit entre les deux grandes puissances se prolongera durant la majeure partie du siècle suivant.

Barbute italienne, casque en fer de 1445

XVIᵉ siècle L'armure a sa mode

Les chevaliers décorent leurs armures de gravures à l'acide et utilisent aussi la dorure pour l'embellir.

XVIᵉ siècle Une armée de métier

Des armées payées et permanentes de soldats de métier, soutenus par des contingents de mercenaires, remplacent peu à peu les armées féodales. Les chevaliers jouent désormais un rôle moins important dans les batailles.

1517 La Réforme

En Allemagne, Martin Luther lance une révolte contre l'Église catholique romaine qui conduit à la création du protestantisme en Europe occidentale et à plus d'un siècle de conflits religieux acharnés.

XVIIᵉ siècle La fin des tournois

Au cours du XVIIᵉ siècle, le tournoi est remplacé dans la plupart des pays par des démonstrations équestres appelées carrousels.

XVIIᵉ siècle La fin d'une ère

La guerre devenant la tâche de soldats et de mercenaires à plein temps, l'époque des chevaliers arrive à son terme. La chevalerie n'est plus qu'un titre accordé par un monarque à une personne qu'il souhaite récompenser.

Martin Luther prêchant la réforme de l'Église en Allemagne

Pour en savoir plus

Si vous êtes maintenant devenu un passionné des chevaliers et de leur monde de châteaux, de batailles et de joutes, vous trouverez ici des informations pour encore mieux les connaître. Il est impossible de remonter le temps pour rencontrer de vrais chevaliers, mais rien n'empêche de visiter l'un de leurs nombreux châteaux. Peut-être y a-t-il non loin de chez vous un musée consacré au Moyen Âge, où sont exposées quelques armures ? Sinon, tâchez de vous rendre dans l'un des meilleurs musées et châteaux ouverts au public, dont la liste se trouve page 69. En outre, les bibliothèques et les librairies proposent de nombreux ouvrages sur le sujet et il existe des documentaires et des films que l'on peut regarder chez soi. Enfin, n'oubliez pas Internet : nous vous indiquons ci-dessous quelques sites fort intéressants. Ainsi, vous ne tarderez pas à devenir un spécialiste de la chevalerie.

▲ Dessinez vos armoiries
Vous pouvez créer vos propres armoiries ou bien celles de votre famille, afin d'en décorer votre courrier et vos objets. Les symboles que vous choisirez devront avoir une signification en rapport avec vous ou avec votre nom, ou alors avec l'endroit où vous habitez. Consultez des ouvrages sur la question dans votre bibliothèque pour en savoir plus sur l'héraldique.

Visière percée d'une vue horizontale

Reconstitution d'une armure allemande de la fin du XVᵉ siècle

Grande salle du château de Warwick en Angleterre

◄ Allez voir de vraies armures dans un musée
D'authentiques armures de chevaliers sont conservées dans divers musées, ou châteaux, dans votre pays ou à l'étranger. En France, l'une des plus belles collections est celle du musée de l'Armée aux Invalides, à Paris.

▲ Retour au Moyen Â
Revivez l'époque des chevaliers et leurs combats en assista à des reconstitutions de la vie médiévale organisées dans certai châteaux ou cités anciennes, comme celle de Provins (Seine-et-Marn Vous pourrez y voir comment un chevalier se préparait à la bataille assister à des joutes à la lance. En outre, cette superbe ville médiéva mérite une visite en détail pour se replonger dans cette périod

Quelques sites Internet

• Un documentaire d'Arte sur la vie et le rôle des chevaliers : *Les chevaliers qui étaient-ils vraiment ?* www.youtube.com/watch?v=BloqJUVtAlA

• Page sur le roman de chevalerie à travers l'exemple de l'étude d'une œuvre, *Yvain ou le chevalier au lion*, de Chrétien de Troyes : lewebpedagogique.com/joursapresjours/?p=732

• Site sur la légende du roi Arthur constitué à partir d'une exposition de la Bibliothèque nationale de France : expositions.bnf.fr/arthur

• Site de l'office de tourisme de Provins, ville médiévale où se jouent de belles reconstitutions de combats de chevaliers : www.provins.net

• Site du musée de la Guerre au Moyen Âge à Castelnaud (Dordogne) www.castelnaud.com

• Site de Guédelon, où des passionnés construisent un château fort avec les moyens et les techniques du Moyen Âge : www.guedelon.fr/fr

Visitez un château médiéval ▼

En 1367, le château de Saumur a été transformé en une somptueuse résidence princière par le duc Louis Ier d'Anjou. C'est à cette époque que les anciennes forteresses sont réaménagées par les puissants seigneurs qui souhaitent vivre plus confortablement. Si la grande salle a disparu, on peut y découvrir les appartements du duc et de la duchesse, des pièces d'apparat et même un puits muni d'un système de levage pour tirer l'eau. Dernier souci de défense : l'entrée abrite une barbacane encadrée de tourelles.

Château de Saumur

Assistez à des joutes ▼

Les tournois ne sont plus seulement une réalité du passé. En effet, des spectacles mettant en scène des chevaliers s'affrontant en joutes sont proposés au public par des troupes de bénévoles ou de professionnels, comme à Provins.

Sir Galahad est introduit devant le roi Arthur et les chevaliers de la Table ronde.

Le roi Arthur

Cascadeur incarnant un chevalier lors d'un spectacle

Les légendes du roi Arthur

Tout amateur du Moyen Age ne manquera pas de lire les passionnantes aventures du roi Arthur et de ses chevaliers de la Table ronde. Les avis divergent quant à l'identité d'Arthur et à son existence réelle, mais beaucoup pensent aujourd'hui qu'il s'agissait d'un chef ou d'un guerrier de Grande-tagne qui dirigea la résistance des Celtes contre les envahisseurs saxons aux Ve et VIe siècles. Dans le sud-ouest de l'Angleterre et en Bretagne, nombreux sont les sites associés à ce roi breton, et les livres abondent à son sujet. Vous lirez l'essentiel de son histoire dans *Sur les traces du roi Arthur* publié chez Gimard Jeunesse.

Des lieux à visiter

Provins, une ville de foire médiévale

La ville actuelle a conservé son tissu urbain d'origine et son authenticité. Elle est un superbe témoignage de ce qu'était une ville de foire du XIe au XIIIe siècle. Un patrimoine exceptionnel animé par de nombreuses fêtes et manifestations : tournois de chevalerie, etc.
• Office de tourisme – Chemin de Villecran 77160 Provins – Tél. 01 64 60 26 26

Bayeux

La Tapisserie de Bayeux, chef-d'œuvre unique au monde, est en fait une broderie de laine sur une toile de lin réalisée au XIe siècle. Sur 70 m de long et 50 cm de haut, elle conte, simplement mais avec un luxe de détails, la conquête de l'Angleterre en l'an 1066 par Guillaume le Conquérant.
• Centre Guillaume-le-Conquérant Rue de Nesmond – 14400 Bayeux –Tél. 02 31 51 25 50

Saumur

Château des XIVe et XVIe siècles.
• Office de tourisme de Saumur 8, Quai Carnot – 49418 Saumur Tél. 02 41 40 20 60

Carcassonne

C'est l'ensemble le plus complet de fortifications subsistant du Moyen Age qui fut très restauré par Viollet-le-Duc.
• Office municipal de tourisme de Carcassonne 28, Rue de Verdun – 11000 Carcassonne Tél. 04 68 10 24 30

Guédelon

Durant une vingtaine d'années, 35 ouvriers construisent sous vos yeux un château fort, dans le respect des techniques du XIIIe siècle.
• Ouvert d'avril à octobre à partir de 10 h, tous les jours sauf le mercredi d'avril à juin. Accès : autoroute A6, sortie Toucy-Joigny. Aller à Toucy, puis direction Saint-Sauveur-en-Puisaye. À Saint-Sauveur, prendre la direction de Saint-Amand (D 955). Le chantier se situe sur cette départementale à 6 km de Saint-Sauveur-en-Puisaye. Tél. 03 86 45 66 66.

Château de Castelnaud

Il abrite depuis 1985 le musée de la Guerre au Moyen Âge et conserve une importante collection (armes d'hast, épées, pièces d'artillerie, tenues défensives, etc.). La scénographie sobre met en valeur les collections et donne des explications sur la fabrication et l'utilisation des armes et des armures. L'évolution des techniques de siège est aussi évoquée par un diaporama, des films et des jeux vidéo. à l'extérieur, des machines de guerre reconstituées mettent en scène les assauts subis par la forteresse.
• Ouvert toute l'année et tous les jours 24250 Castelnaud-la-Chapelle – Tél. 05 53 31 30 00

Musée Royal de l'Armée

Dix siècles d'histoire et de techniques militaires, depuis les armures médiévales jusqu'aux avions et blindés contemporains.
• Parc du Cinquantenaire 3 B-1000 Bruxelles Tél. 32 2 737 78 11

Musée de l'armée

Ce musée est le conservatoire des armes anciennes.
• 129, rue de Grenelle 75007 – Paris. Accès métro, stations Varenne, La Tour Maubourg ou Invalides. Tél. 0 810 11 33 99

Glossaire

Adoubement Cérémonie par laquelle un écuyer est fait chevalier. Adouber signifiant à l'origine équiper, le jeune guerrier reçoit ce jour-là son cheval et ses armes. La cérémonie, très simple à l'origine, se charge d'un rituel complexe et religieux, de plus en plus luxueux à partir du XIIIe siècle.

Arbalète Arc monté sur un fût et se bandant par un mécanisme. Son projectile, assez lourd et redoutable, est une flèche appelée carreau, capable de percer une armure.

Arc anglais Grand arc utilisé au Moyen Age. Fait d'un morceau d'if, il pouvait atteindre une cible à plus de 300 m.

Archère Petite ouverture ménagée dans l'épaisseur du mur d'un château, par lequel un archer pouvait tirer.

Armoiries Emblèmes portés par un chevalier sur son bouclier ou son surcot, permettant de l'identifier au cours d'une bataille.

Armure de plates Armure composée de plaques de métal articulées. On l'appelle aussi harnois.

Baliste Énorme arbalète de siège capable d'envoyer de gros carreaux.

Barrière Séparation longitudinale placée entre deux jouteurs pour éviter toute collision quand ils chargeaient.

Butte de terre Monticule sur lequel était placée une cible pour l'entraînement des archers.

Calice Coupe où le prêtre catholique verse le vin de la messe.

Candélabre Grand chandelier à plusieurs branches.

Carquois Étui à flèches suspendu dans le dos ou à la taille de l'archer.

Carreau Grosse flèche d'une arbalète ou d'une baliste, dont le fer avait quatre faces.

Châtelet d'entrée L'entrée d'un château était souvent protégée par des tours soigneusement fortifiées, une herse, un pont-levis et par des douves à l'extérieur.

Chevalier Combattant à cheval puis noble guerrier ayant été adoubé. Le terme est normalement employé pour la période située entre 1000 environ et 1600, lorsque les guerriers à cheval constituaient l'élite des armées.

Créneau Ouverture rectangulaire pratiquée au sommet d'un mur de fortification, et qui permet de tirer sur les assaillants en restant protégés.

Croisades Série d'expéditions militaires menées par les chevaliers chrétiens au Moyen Age. Leur objectif était de reprendre les Lieux saints aux musulmans.

Destrier Monture de guerre des chevaliers.

Donjon (appelé aussi tour-maîtresse) C'est la plus grosse tour du château ; le seigneur n'y habite pas toujours.

Dorure Fine couche d'or appliquée sur un objet afin de le décorer.

Eau-forte Acide qui sert à graver sur le métal. Les armures étaient parfois ornées de motifs à l'eau-forte.

Échelle d'assaut Longue échelle utilisée par les assaillants pour franchir les murailles.

Écuyer Jeune homme au service d'un chevalier. Le plus souvent, il était de famille noble ; il suivait un apprentissage pour devenir chevalier.

Éperon Aiguillon fixé au talon du chevalier pour exciter sa monture.

Étriers Anneaux suspendus à la selle, où le cavalier appuie ses pieds. Ils permettaient de bien tenir en selle tout en ayant les mains libres pour se servir d'une arme.

Féodalité Forme d'organisation politique et sociale qui avait cours en Europe au Moyen Age. Un seigneur donnait un fief, une terre, à un vassal noble en échange d'obligations, notamment militaires.

Garnison Troupe de soldats stationnant dans un château ou une ville afin de les défendre.

Gisant Statue couchée sur le tombeau d'un personnage important et représentant le mort.

Graal Dans les légendes du Moyen Age, le Saint-Graal était un vase d'émeraude qui aurait servi à Jésus pour la Cène avec ses disciples.

Dans les récits concernant le roi Arthur, plusieurs de ses chevaliers partent en quête de ce vase sacré.

Harnois Armure inventée vers 1400, composée de plaques de métal articulées et rivetées sur un vêtement de cuir.

Châtelet d'entrée du château de Caerphilly, au pays de Galles, en Grande-Bretagne

Haubert Armure composée d'une multitude d'anneaux métalliques reliés entre eux, utilisée par les hommes d'armes avant le XVe siècle.

Héraldique Science des armoiries.

Hérétique Personne qui soutient une doctrine religieuse condamnée par l'Église catholique.

Herse Lourde grille de fer qui fermait l'entrée d'un château fort.

Hospitaliers Moines soldats, croisés voués au service des pèlerins ou des malades. Les plus connus sont les hospitaliers de Saint-Jean-de-Jérusalem.

Idéal chevaleresque Ensemble des qualités attendues d'un chevalier parfait, tels le courage, la loyauté, l'assistance aux faibles et la courtoisie. Au XIIe siècle, ces vertus forment le code de l'honneur de la chevalerie, qui prévoit également le devoir du respect aux dames.

Une joute à Tours, en 1446

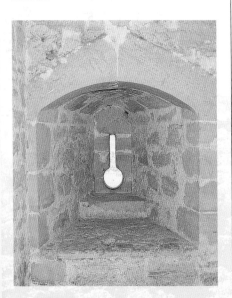

Embrasure percée d'une canonnière

Passadoux

Infanterie Troupes à pied.

Joute Combat à cheval entre deux chevaliers armés de lances émoussées. Elle fut inventée pour leur permettre de s'entraîner au combat sans se tuer.

Lance Arme d'hast, c'est-à-dire à long manche, et à fer pointu. Elle s'utilisait pour les charges de cavalerie.

Lieux saints Les sites de Palestine où demeure attaché le souvenir des événements de la vie du Christ.

Mâchicoulis Ouverture en surplomb pratiquée au sommet des murailles des châteaux forts et par laquelle on laissait tomber sur les assaillants des pierres, de la poix bouillante, etc.

Mangonneau Machine de siège moins perfectionnée que le trébuchet car équipée d'un contrepoids de plusieurs tonnes, qui nécessitait un treuil pour la réarmer.

Masse d'armes Arme composée d'un manche et d'une tête de métal parfois garnie de pointes.

Maure Musulman d'Afrique du Nord et d'Espagne.

Mercenaire Soldat qui se battait uniquement pour de l'argent.

Reconstitution d'une scène d'hommages rendus par des seigneurs japonais au shogun, dans l'ancien Japon

Armure
de samouraï
japonais

Mors Pièce de métal placée dans la bouche du cheval, reliée aux rênes et servant à le diriger.

Normands Ils descendaient des Vikings, qui s'établirent en Normandie au Xe siècle. Ils conquirent l'Angleterre en 1066, commandés par le duc Guillaume le Conquérant.

Page Jeune garçon noble au service d'un seigneur. Il se destinait à devenir chevalier.

Palefroi Cheval pour les processions et les cérémonies.

Passadoux Fer de flèche effilé.

Paysan(ne) Homme ou femme qui travaillait la terre.

Pèlerinage Voyage effectué vers un lieu de dévotion. Au Moyen Age, des pèlerins se rendaient à Jérusalem et en d'autres lieux de la Terre sainte. Ils partaient aussi se recueillir sur la tombe de saints célèbres, comme celle de saint Pierre à Rome ou de saint Jacques à Compostelle. Le pèlerinage était un long voyage plein de dangers qui se déroulait sur plusieurs mois. Les pèlerins suivaient une route précise avec des étapes rituelles dans des lieux de culte.

Motte féodale Du Xe au XIIe siècle, les châteaux étaient construits sur une motte, élévation de terre pouvant atteindre 20 m. Au centre se dressait une tour de bois. La cour, en contrebas de la motte, abritait les entrepôts et les habitations.

Pommeau Extrémité arrondie de la poignée d'une épée, qui fait contrepoids à la lame.

Rançon Somme d'argent que l'on paie en échange de la libération d'un personnage, seigneur ou chevalier, fait prisonnier lors d'une bataille. La rançon était demandée à la famille du captif.

Samouraï Chevalier dans l'ancien Japon.

Sarrasin Au Moyen Age, nom donné par les Occidentaux aux musulmans d'Europe et d'Afrique.

Serf Sous la féodalité, paysan non libre.

Shogun Chef militaire qui règne réellement sur le Japon à partir de 1185.

Éperon

Surcot Vêtement porté par-dessus l'armure de mailles. Le chevalier y affichait souvent ses armoiries.

Templiers Ordre religieux et militaire fondé par des croisés français pour protéger les pèlerins chrétiens en Terre sainte.

Tournoi Fête guerrière où des chevaliers combattaient à armes émoussées pour s'entraîner.

Trébuchet Machine de guerre, sorte de catapulte destinée à lancer des pierres pour abattre les murailles d'une place forte assiégée.

Treuil Appareil de levage à roues permettant de soulever de lourdes charges, utilisé en particulier pour les contrepoids des engins de siège.

Troubadour Poète provençal du Moyen Age qui composait et chantait des poèmes ayant pour sujet l'amour courtois.

Visière Partie mobile d'un casque qui recouvrait le visage.

Index

Notes

Dorling Kindersley tient à remercier : The Wallace collection, The Royal Armouries, The British museum, et The museum of the order of the St. John pour la fourniture d'objets à photographier ; English heritage, The national trust, et Cadw (welsh historical monuments), pour l'autorisation de photographier aux châteaux de Rochester, Bodiam et Caerphilly ; David Edge de la Wallace collection ; Paul Cannings, Jonathan Waller, John Waller, Bob Dow, Ray Monery et Julia Harris pour avoir servi de mannequins ; Anita Burger pour le maquillage ; Joanna Cameron pour les illustrations (pages 22-23) ; Angels et Burmans pour les costumes ; Sharon Spencer, Manisha Patel et Helena Spiteri pour leur assistance éditoriale et artistique ; Céline Carez pour ses recherches.

Iconographie

h = haut, b = bas, c = centre, g = gauche, d = droit

Ancien Art & Architecture collection 58cg, 58c, 58hd, 59bg, 65b. Bridgeman art library 53b. Biblioteca Estense. Modena 10b. Bibliothèque de L'Arsenal, Paris 64bd. British library 19hc, 20hd, 20c, 38cd, 39c, 49hd, 54hg. Bibliothèque municipale de Lyon 55c. Bibliothèque nationale, Paris 11bd, 15hd, 22cd, 25hg, 41hd, 42bg, 43h, 54bg, 57hd. Corpus Christi college, Oxford 54bd. Giraudon/ Musée Condé, Chantilly 50bg, 51bg, 65h. Vatican library, Rome 50bd. Victoria & Albert museum 37cg. Wrangham collection 59c. British Museum 71cd. Burgerbibliothek, Berne 25dc. Christ church, Oxford/ photo Bodleian library 27hg. Dorling Kindersley: Photo from Children Just Like Me by Barnabus & Anabel Kindersley, published by DK 71bg. E.T. Archive 6bg, 11hg, 18 bg, 27hd, 30bg, 31bg, 33cg, 33cd, 39hd, 41c, 49bg, 57bc, 58dc, 59cg, 60c. British library 19bc, 32c. British museum 27bg. Fitzwilliam museum, Cambridge 48dc. Mary Evans Picture Library 69bg. Robert Harding Picture library 8hg, 12dc, 18hd, 22bg, 26c, 34bd, 34bg, 55bg. British library 11c, 34cg, 44b, 45bg. Michael Holford 8bg, 9hd, 52c, 55bd. Hulton-Deutsch collection 56cg. A.F. Kersting 9cg. mansell collection 11bg, 21c, 39hd, 46bd, 55hg, 63bg. Alinari 46hd. Bildarchiv foto marburg 48bd. Arxiu Mas 54cg. Stadtbibliothek Nurnberg 17dc. Österreichische nationalbibliothek, Vienne, (Cod.2597, f.15) 40bd ; Pierpont Morgan library, New York 29c. scala 7bd, 33h, 34hgc, 36cg. Stiftsbibliothek St Gallen 6c. Syndication International 26bd, 27cg, 27hcg, 32bc, 37hg, 41hg, 50hd, 53g, 57hg./ photo. Trevor Wood 36hd. Warwick Castle 68cb.

Couverture : Dorling Kindersley pour tous les documents sauf 1er plat bas Armure française (v. 1470), © Paris, Musée de l'Armée, Distribution RMN-Grand Palais/ Image du musée de l'Armée.

Nous nous sommes efforcés de retrouver les propriétaires des copyrights. Nous nous excusons pour tout oubli involontaire. Nous effectuerons toute modification éventuelle dans nos prochaines éditions.

Comité éditorial
Londres : Louise Barratt, Ann Cannings, Julia Harris, Kathy Lockley, Helen Parker et Phil Wikinson
Paris : Christine Baker, Françoise Favez, Manne Héron et Jacques Marziou
Edition française préparée par Marc de Haut ; conseiller : Brigitte Coppin, historienne ; maquette de couverture : Antonin Faure ; PAO : Olivier Brunot et Bruno Porlier ; correction : Sylvette Tollard, Eliane Rizo et Lorène Bücher ; Suivi éditorial : Eric Pierrat et Françoise Laurent.